FACTORING
Fomento Mercantil

Doutrina • Prática • Jurisprudência

EDITORA AFILIADA

"O livro é a porta que se abre para a realização do homem."
Jair Lot Vieira

Valéria Maria Sant'Anna

FACTORING
FOMENTO MERCANTIL

Doutrina • Prática • Jurisprudência

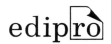

FACTORING – FOMENTO MERCANTIL
Doutrina • Prática • Jurisprudência

VALÉRIA MARIA SANT'ANNA

1ª Edição 2008

Supervisão editorial: *Jair Lot Vieira* e *Mariana Lot Vieira*
Coordenação editorial: *Júlia Carolina de Lucca*
Produção gráfica e editorial: *Alexandre Rudyard Benevides ME*
Revisão: *Ricardo Virando* e *Luana da Costa Araújo Coelho (estagiária)*
Capa: *Rodrigo Ramos*

Nº de Catálogo: 1386

Dados de Catalogação na Fonte (CIP) Internacional
(Câmara Brasileira do Livro, SP, Brasil)

Sant'Anna, Valéria Maria
  Factoring : fomento mercantil : doutrina, prática, jurisprudência / Valéria Maria Sant'Anna : supervisão editorial Jair Lot Vieira. -- Bauru, SP : EDIPRO, 2008.

  ISBN 978-85-7283-619-7

  1. Direito bancário 2. Direito comercial 3. Factoring 4. Factoring - Brasil I. Vieira, Jair Lot. II. Título.

07-9597   CDU-347.751.8

Índices para catálogo sistemático:
1. Factoring : Direito comercial : 347.751.8
2. Faturização : Direito comercial : 347.751.8

edições profissionais ltda.

São Paulo: Fone (11) 3107-4788 – Fax (11) 3107-0061
Bauru: Fone (14) 3234-4121 – Fax (14) 3234-4122
edipro@edipro.com.br

SUMÁRIO

INTRODUÇÃO E ESCORÇO HISTÓRICO	9
1. O QUE NÃO É *FACTORING*	13
2. O CONTRATO DE *FACTORING*	17
2.1. Conceito	17
2.2. Sujeitos da relação processual	19
2.3. Características	20
2.4. Objeto do contrato	23
2.5. Obrigatoriedade da notificação do devedor	24
2.6. Modalidades de contratos	24
2.7. Os títulos negociáveis e suas implicações legais	27
a) A duplicata	27
b) O cheque	29
2.8. Por que os outros títulos não podem ser negociados em um contrato de *FACTORING*?	29
3. A CONVENÇÃO DE OTTAWA	33
4. A FALTA DE LEGISLAÇÃO SOBRE *FACTORING* NO BRASIL	47
4.1. Resolução BC nº 2.144/1995	49
4.2. Qual a base legal para a existência do *FACTORING* no Brasil?	50

5. JURISPRUDÊNCIA 53
   5.1. Distinção entre *FACTORING* e desconto bancário de títulos 53
   5.2. Tributário 61
   5.3. Inscrição junto ao Conselho Regional de Administração 65
   5.4. Responsabilidade do faturizado na impossibilidade de cobrança de créditos pela faturizadora 66
   5.5. Instrução de pedido de falência 70
   5.6. Taxa de juros 72
   5.7. Necessidade de notificação ao devedor 79
   5.8. Duplicata de prestação de serviços 86
   5.9. Incidência do Código de Defesa do Consumidor – Outros contratos 88
   5.10. Pagamento direto à sacadora-endossante 89
   5.11. Enunciados 39 a 42 do Fórum Permanente dos Juízes das Varas Cíveis do Instituto dos Magistrados de Pernambuco 92
   5.12. Cheque "pré-datado" 96
   5.13. Prestação de contas 97

6. NA PRÁTICA 101
   6.1. Vantagens e desvantagens da parceria com uma *FACTORING* 101
   6.2. Como funciona 102
   6.3. Modalidades 104
   6.4. Desvios na utilização do *FACTORING* 105

7. MODELO DE CONTRATO 107
   7.1. Contrato de compra de créditos e prestação de serviços 111
   7.2. Aditivo 117

8. REFERÊNCIAS BIBLIOGRÁFICAS 119
   8.1. Obras consultadas 119
   8.2. Sites da web consultados 120

9. APÊNDICE 121
   Projeto de Lei nº 3.615, de 2000 121
   Projeto de Lei Complementar nº 112, de 2007 126

A
Tullo De Biaggi Netto,
amigo, companheiro e incentivador.

INTRODUÇÃO E ESCORÇO HISTÓRICO

O presente trabalho tem a intenção de proporcionar ao leitor conhecimento básico sobre o *FACTORING* também denominado no Brasil de FOMENTO MERCANTIL. Encontra-se, ainda, a utilização do termo "FATURIZAÇÃO", todavia, tendo em vista a inexistência de tal palavra no vocabulário nacional, a maior parte dos doutrinadores optam por não utilizá-lo.

Se iniciarmos nossos estudos pela significação da palavra FOMENTO, para identificar o tema em estudo, verificamos que se trata da ação ou efeito de promover o desenvolvimento, apoio, estímulo, a algo.

Dessa forma, para bem compreendermos o significado atual do *FACTORING*, necessário se faz conhecer sua história.

A doutrina diverge para estabelecer o início das atividades do fomento mercantil. Enquanto para uns a figura de agente mercantil já era conhecida desde os primórdios da civilização para desenvolver o comércio, que naqueles tempos se baseava na troca de mercadorias, ou escambo, que mais tarde evoluiu para a promessa de entrega das mercadorias e pagamento, inclusive com citações no código de Hamurabi; para outros se tem notícia de que os Fenícios, após dominarem o comércio no Mediterrâneo, chegaram à Península Ibérica e, no século VIII a.C. estabeleceram na região onde atualmente é Portugal um centro comercial que era chamado de "FACTORIA". As FACTORIAS dos Fenícios tinham como objetivo colocar seu agente mercantil no mercado de destino para desenvolver o comércio e reduzir o risco das operações de comércio, ou seja, os comerciantes confiavam suas mercadorias aos seus agentes para vendê-las em outras praças, bem como pagavam comissões para que esses agentes efetuassem a cobrança de seus créditos e prestar informações sobre outros comerciantes a fim de se conhecer o real risco para a realização de seus negócios. Surgiram, assim, os consultores mercantis.

Observemos, aqui, que a palavra *FACTORING*, inglesa, é formada pelo radical "*FACTOR*", cuja origem etimológica vem do latim do verbo "FACERE", que significa fazer "de onde é proveniente o substantivo '*FACTOR*' (caso nominativo), 'FACTORIS' (caso genitivo), com o significado de aquele que faz".[1] Portanto "*FACTOR*" era o "FAZEDOR" de negócios, ou seja, o Agente Mercantil.

E o contrato de *FACTORING*, na atualidade, recebeu esse nome inspirado nessa atividade que o comerciante romano exercia em províncias distantes (o sufixo 'ing' derivado do inglês expressa o 'fazendo', o 'agindo').

Posteriormente, os romanos, para explorar melhor as possibilidades comerciais do seu vasto território, seguiram os fenícios nomeando em diversos pontos do império o *FACTOR* – que se encarregava de fomentar o comércio local, fornecer crédito a outros comerciantes, receber e armazenar mercadoria, pagar e cobrar.

Mais tarde, já nos séculos XIV e XV, na Europa, o *FACTOR* era um agente mercantil representante dos exportadores nas colônias; ele vendia mercadorias a terceiros contra o pagamento de uma comissão. No começo ele custodiava as mercado-

---

1. RIZZARDO, "*FACTORING*", 1997, p. 15.

rias e depois prestava contas aos proprietários. Com o passar do tempo esses representantes passaram a antecipar o pagamento das mercadorias aos seus fornecedores, cobrando, posteriormente, dos compradores. Assim, surgiu o conceito atual de *FACTORING*: compra do direito de crédito junto a terceiros, produtores e fornecedores.

Denise Kung Bruel, em artigo publicado na Revista Brasileira de Direito Internacional, citando o autor português Antonio Menezes Cordeiro informa: "O *FACTORING* como hoje conhecemos surgiu na época das grandes explorações e colonizações e provém das feitorias atlânticas, que eram grandes depósitos de mercadorias dirigidos pelo feitor, que atuava como uma espécie de agente comercial. Este, ao receber a mercadoria, disponibilizava sua negociação no mercado, cobrava o preço e, ao receber o pagamento, efetuava o repasse do valor ao dono, descontada sua comissão pelos serviços prestados. Por outras vezes, o feitor adquiria mercadorias locais em nome e por conta do *dominus*, as quais eram enviadas pela metrópole.".

Mas foi nos Estados Unidos que um desses profissionais, que fornecia todo o suporte à florescente indústria têxtil da Inglaterra que para lá exportava, teve a idéia de propor aos seus clientes a compra à vista dos créditos gerados por suas vendas a prazo.

Enquanto os Estados Unidos eram colônia da Inglaterra, o comércio têxtil era muito intenso e o *FACTOR*, além de atuar como representante, consignatário e distribuidor das mercadorias do exportador, era também responsável pela gestão e cobrança das faturas. Ou seja, de mero intercambiário entre a Inglaterra e suas colônias, passou a ser consultor de qualidade dos produtos e dos preços praticados, da escolha da clientela e, por fim, também era responsável pela cobrança. Após a independência dos EUA as atividades dos feitores aumentaram, pois o mercado necessitava de profissionais experientes e que conhecessem os compradores para fornecimento de financiamento e de concessão de crédito, e, claro, nada melhor que os feitores para executar essa tarefa.

Em Nova Iorque, no ano de 1808, surgiu a primeira sociedade de *FACTORING* como hoje conhecemos, quando, pela primeira vez, o intermediário propôs comprar à vista o que seus clientes vendiam a prazo; dessa forma, "o *FACTORING* passou a assumir as despesas de cobrança, bem como aquelas advindas da falta de realização de pagamento".

Nos tempos modernos, portanto, o *FACTORING* surgiu como atividade de compra de crédito mercantil (venda de duplicatas) e com a ampliação de conteúdos, passou a envolver, também, o fomento mercantil.

No Brasil, a partir de 11 de fevereiro de 1982, com a fundação da ANFAC – Associação Nacional das Sociedades de Fomento Mercantil – *FACTORING*, (atualmente sediada em Brasília/DF e com diretoria e administração geral em São Paulo/SP – entidade civil, sem fins lucrativos, de caráter privado e de âmbito nacional, que tem por objetivo divulgar os verdadeiros conceitos do *FACTORING*, como mecanismo sócio-econômico de apoio gerencial e financeiro, sobretudo às empresas de porte médio e pequeno, bem como prestar toda assistência necessária às sociedades de fomento mercantil filiadas) as atividades, de meros descontos de duplicatas, concessões de crédito pessoal, adiantamento de valores, compra de ativo de empresas, foram se ampliando e atualmente é oferecida uma série de serviços para pequenas e médias empresas como assistência na compra de matéria-prima, na administração de caixa e de contas a pagar e a receber, exportação etc.

Outra entidade que congrega as empresas de *FACTORING*, no Brasil, é a FEBRAFAC – FEDERAÇÃO BRASILEIRA DE *FACTORING*, criada em fevereiro de 1993.

Vale lembrar ser muito importante que empresas que desejam utilizar os serviços de uma *FACTORING* antes verifiquem suas credenciais, bem como se a mesma está regularmente filiada a sindicatos regionais e à ANFAC, pois devem apresentar pré-requisitos exigidos por essas entidades as quais garantem a integridade da empresa.

1
O QUE NÃO É FACTORING

Ao contrário do que popularmente se dissemina, *FACTORING* não é uma atividade financeira. A empresa de *FACTORING* não pode fazer captação de recursos de terceiros, nem intermediar para emprestar estes recursos, como os bancos e também *não* desconta títulos e *não* faz financiamentos.

Não se deve confundir empresa de *FACTORING* com instituição financeira.

Uma instituição financeira (banco) tem sua definição legal (art. 17 da Lei nº 4.595, de 31.12.1964 que dispõe sobre a política e as Instituições Monetárias, Bancárias e Creditícias, Cria o Conselho Monetário Nacional e dá outras providências):

> ***Art. 17.*** *Consideram-se instituições financeiras, para os efeitos da legislação em vigor, as pessoas jurídicas públicas ou privadas, que tenham como atividade principal ou acessória a coleta, intermediação ou aplicação de recursos financeiros próprios ou de terceiros, em moeda nacional ou estrangeira, e a custódia de valor de propriedade de terceiros.*

> **Parágrafo único.** *Para os efeitos desta Lei e da legislação em vigor, equiparam-se às instituições financeiras as pessoas físicas que exerçam qualquer das atividades referidas neste artigo, de forma permanente ou eventual.*

As instituições financeiras, para funcionar, têm de ter prévia autorização do Banco Central e a Lei nº 4.595, em seu art. 18 elenca os tipos de atividades que também se subordinam a essa lei:

> **Art. 18.** *As instituições financeiras somente poderão funcionar no País mediante prévia autorização do Banco Central da República do Brasil ou decreto do Poder Executivo, quando forem estrangeiras.*
>
> *§ 1º. Além dos estabelecimentos bancários oficiais ou privados, das sociedades de crédito, financiamento e investimentos, das caixas econômicas e das cooperativas de crédito ou a seção de crédito das cooperativas que a tenham, também se subordinam às disposições e disciplina desta Lei no que for aplicável, as bolsas de valores, companhias de seguros e de capitalização, as sociedades que efetuam distribuição de prêmios em imóveis, mercadorias ou dinheiro, mediante sorteio de títulos de sua emissão ou por qualquer forma, e as pessoas físicas ou jurídicas que exerçam, por conta própria ou de terceiros, atividade relacionada com a compra e venda de ações e outros quaisquer títulos, realizando nos mercados financeiros e de capitais operações ou serviços de natureza dos executados pelas instituições financeiras.*

A doutrina conceitua *FACTORING* como uma atividade comercial, mista e atípica, de prestação de serviços em base contínua às pequenas e médias empresas, conjugada à compra de seus ativos financeiros – direitos de créditos, duplicatas e cheques resultantes das vendas ou prestação de serviços efetuados pelas empresas assistidas. Para isso depende exclusivamente de recursos próprios.

Vale lembrar que o fomento mercantil (assessorar, promover o desenvolvimento e o progresso, ajudar o pequeno e médio empresário a solucionar seus problemas diários) nada tem a ver com empréstimos, financiamentos ou agiotagem; são empresas estabelecidas que têm como pressuposto principal fornecer a alavancagem dos negócios das empresas que assistem. A empresa de *FACTORING* não pode fazer captação de recursos de terceiros, nem intermediar para emprestar estes recursos, como fazem os bancos.

Ocorrendo descaracterização da essência e da finalidade do *FACTORING*, configura-se outro instituto jurídico ou até mesmo situação real classificada como contravenção ou ilícito penal.

Não constituem *FACTORING*, por exemplo, as seguintes hipóteses:

— operações onde o contratante *não* seja Pessoa Jurídica;

— empréstimo com garantia de linha de telefone, veículos, cheques, etc;

— empréstimo via cartão de crédito;

— alienação de bens móveis e imóveis;

— financiamento ao consumo;

— operações privativas das instituições financeiras.

2
O Contrato de Factoring

2.1. CONCEITO

O empresário, a fim de se manter no mercado, na maioria das vezes vende seus produtos a crédito. Dessa forma, recebe o valor de sua mercadoria/serviço em várias prestações, pagas ao longo dos meses do ano, enquanto tem de efetuar o pagamento dos seus fornecedores e encargos, quando não de uma única vez, em uma quantidade de prestações inferior àquelas que cedeu a consumidor.

Surgiu, dessa forma, uma operação interessante: cessão de seus créditos a uma outra empresa, mediante o pagamento dos mesmos por parte desta última, com certo deságio e assumindo o trabalho da cobrança cumulado com o risco proveniente da possibilidade de não recebimento das contas. Trata-se do fomento mercantil, uma relação jurídica entre duas empresas, na qual uma delas entrega a outra, mediante remuneração, título de crédito e recebe imediatamente seu valor. Nas palavras de Bulgarelli[2] "singelamente pode-se falar em venda do faturamento de uma empresa à outra, que se incumbe de cobrá-lo, recebendo em pagamento uma comissão e cobrando juros quando antecipa recursos por conta dos recebimentos a serem feitos. Há, portanto, um elemento básico na operação, que é a cessão de créditos.".

O *FACTORING* é um mecanismo de fomento comercial e mercadológico, isto é:

— **de capitalização:** empresa fomentada vende para a *FACTORING* seus créditos gerados pelas vendas e serviços a prazo e obtém dinheiro vivo, que aumenta seu poder de negociação nas compras à vista de matéria-prima;

— **de administração:** a *FACTORING* pode prestar serviços à empresa fomentada em qualquer área de sua estrutura (acompanhamento do processo produtivo ou mercadológico; acompanhamento de contas a receber e a pagar; seleção e avaliação de clientes, devedores ou fornecedores), deixando o empresário com mais tempo para produzir e vender.

As empresas de *FACTORING* são, portanto, sociedades de fomento comercial ou mercantil destinadas a dar apoio, principalmente, às pequenas e médias empresas, através da prestação de serviços administrativos e compra de seus créditos gerados pelas vendas a prazo. A operação de *FACTORING* não é um empréstimo, mas uma operação mercantil (compra e venda), onde ocorre a transferência, mediante contrato, dos direitos de crédito; dessa forma os riscos do recebimento dos títulos passam a ser de responsabilidade da empresa de *FACTORING*, desde que não constatada a fraude na formação do crédito.

Observe-se que a atuação da *FACTOR* em relação à empresa cedente abrange três funções: a) *garantia* – já que se

---
2. BULGARELLI, Waldirio. *Contratos Mercantis*, pp. 533/534.

obriga ao pagamento do crédito, mesmo em caso de inadimplemento do devedor da empresa cedente (salvo exceções); b) *gestão de crédito* – a empresa *FACTOR* antes de firmar o contrato examina os créditos, providencia sua cobrança e ainda pode incumbir-se da própria contabilidade e do faturamento e c) *de financiamento* – quando adianta o recurso à empresa cedente.

2.2. SUJEITOS DA RELAÇÃO PROCESSUAL

Para a contratação de *FACTORING* há a necessidade do título de crédito originário de uma transação comercial (compra e venda ou prestação de serviços) a prazo, ou seja, a duplicata, que é a matéria-prima desta prática comercial.

Essa duplicata representa a relação comercial existente com um terceiro, alheio ao contrato de *FACTORING*. Ou seja, aquele que deseja efetuar um contrato de *FACTORING* tem de ser pessoa jurídica, devidamente regulamentada.

Assim temos:

— FATURIZADO ou CLIENTE DE *FACTORING* é quem se serve do crédito, a pessoa jurídica comerciante ou prestadora de serviços que entrega os seus créditos comerciais emitidos contra os seus compradores;

— FATURIZADOR ou *FACTOR* é o titular da empresa de *FACTORING* que adquire os títulos e, pagando-os mediante recebimento de comissão e deságio e sub-roga-se nos seus direitos assumindo a responsabilidade da cobrança e recebimento dos mesmos.

Como se pode verificar, o devedor, ou comprador, é aquele que se obrigou perante o faturizado em troca de bem ou prestação de serviço. Independe tratar-se de pessoa física ou jurídica, e não é parte do contrato de *FACTORING*, embora seja essencial para que o mesmo possa se realizar.

2.3. CARACTERÍSTICAS

Na legislação brasileira, bem como na maioria dos países, o contrato de *FACTORING* é atípico, ou seja, não está regulamentado por lei.

Nas palavras de Bulgarelli (2001, p. 534) "para Savatier, trata-se, o *FACTORING*, de uma técnica de mobilização jurídica do preço, decorrente de vendas comerciais. É um contrato pelo qual o vendedor transfere a um estabelecimento financeiro os créditos que possui de seus clientes e que o estabelecimento financeiro (*FACTOR*) lhe paga, sub-rogando-se nos direitos do vendedor, incumbindo-se de recebê-los. O suporte jurídico é a sub-rogação que dá ao *FACTOR* um direito próprio contra os devedores".

O cerne do negócio de *FACTORING* é a cessão de crédito, mas concorrem os princípios do mandato, do desconto e do financiamento. O *FACTORING* é um contrato de troca, e as cessões de crédito possuem uma *causa vendendi*. Trata-se de contrato bilateral, consensual, oneroso, de duração e informal. Para que se possa ocorrer o contrato de faturização o pressuposto é a venda a prazo, ou seja, fica de fora da sua natureza as vendas à vista. Muito embora as partes se acautelem, o contrato de *FACTORING* não requer forma escrita. Na maioria das vezes é um contrato de risco e a doutrina é uniforme quanto a não caracterização de mera operação bancária para o contrato de *FACTORING* uma vez que o faturizado isenta-se da responsabilidade do pagamento do título.

Bulgarelli classifica o contrato de *FACTORING* como contrato bilateral, consensual, comutativo, oneroso, de execução continuada, *intuitu personae*, interempresarial e atípico.

Podemos, então, deduzir que o contrato de *FACTORING* é:

— *aleatório* – o *FACTOR* não fica com a segurança no recebimento do valor constante no título, não se admitindo o direito de regresso;

— *facultativo* – liberdade de escolha das faturas que interessam e oferecem segurança ao *FACTOR* – o titular da empresa de *FACTORING* não está obrigado a aceitar todos os créditos já que ele é quem assumirá o risco do recebimento;

— *oneroso* – é um contrato essencialmente oneroso, o *FACTOR* cobra pela atividade que exerce e as taxas de remuneração são mais elevadas do que nos setores de fornecimento de crédito, e também há um "deságio" pela compra adiantada do crédito;

— *consensual* – pois aperfeiçoa-se com o consentimento das partes;

— bilateral – como qualquer contrato uma vez que de sua *celebração* nascem obrigações e direitos para cada um dos contratantes;

— *não formal* – não há exigência legal para sua formalidade, ou seja, não é obrigatória a forma escrita, muito embora seja corrente sua utilização;

— *nominado* – embora atípico, a legislação brasileira e o Banco Central do Brasil já utilizam as expressões *FACTORING*, "faturização" e "fomento de crédito mercantil e comercial".

— *comutativo* – traz vantagens e obrigações ou prestações recíprocas para os pactuantes, que devem se equivaler;

— *adesivo* – na prática as empresas que atuam no setor simplesmente apresentam um "formulário", ou contrato padrão, com as condições, preço, taxa de comissão e outras exigências já pré-fixadas, dando pouca margem para discussão;

— *inadmissibilidade de direito de regresso contra o cliente* – desde que comprovadamente o cliente tenha cumprido com sua parte no negócio, ou não tenha dado margem ao desfazimento do negócio, por exemplo.

Pode-se dizer que o contrato de FACTORING é uma cessão de crédito, disciplinada pelo Código Civil (arts. 286 a 298). Realmente é a figura jurídica que mais se aproxima deste instituto.

A Lei Civil prevê a possibilidade da transferência do crédito representado pelo documento negociado, a terceiros no art. 286: "O credor pode ceder o seu crédito, se a isso não se opuser a natureza da obrigação, a lei, ou a convenção com o devedor. A cláusula proibitiva da cessão não poderá ser oposta ao cessionário de boa-fé, se não constar do instrumento da obrigação".

No FACTORING uma empresa cede a outra todos ou parte dos créditos de que é titular, mas sempre a título oneroso, no que mais se aproxima da cessão de crédito previsto no Código Civil no art. 295: "Na cessão por título oneroso, o cedente, ainda que não se responsabilize, fica responsável ao cessionário pela existência do crédito ao tempo em que lhe cedeu...".

A semelhança aumenta quanto à definitividade da transferência, não podendo o cedente voltar-se contra o cessionário, se insolvente o devedor. No FACTORING não há como desconstituir o negócio se ocorrer a inadimplência, nem é permitido o regresso contra o cliente, o mesmo acontecendo na cessão, como determina o art. 296: "salvo estipulação em contrário, o cedente não responde pela solvência do devedor".

Todavia, o contrato de FACTORING não é somente a "cessão de crédito"; possui outras atividades que a FACTORING deve exercer e é sempre oneroso, enquanto a cessão de crédito pode ser gratuita; no contrato de FACTORING, o cedente não garante a solvência, ou seja, não há o direito de regresso.

Observe-se que o FACTORING se distingue do desconto bancário, muito embora o princípio seja o mesmo para os dois institutos. A diferença fundamental reside na inexistência do direito de regresso no FACTORING enquanto ela é mantida no desconto bancário. Também é diferente do seguro de crédito, pois o FACTOR cobre totalmente, e geralmente antecipadamente, o crédito que ele garante, enquanto o segurador o faz apenas por uma quota estipulada e não paga senão após a exigibilidade do crédito e a ocorrência do risco. Relativamente ao mútuo não há dúvidas, no *FACTORING* constata-se a transação do crédito, paga-se pelo valor do título a acrescenta-se uma remuneração pela atividade e uma compensação pelo risco; o mútuo é, pode-se dizer, um adiantamento de crédito, que será posteriormente devolvido. O *FACTOR* é remunerado por uma comissão e por ágios correspondentes aos adiantamentos feitos por ele ao vendedor.

Há autores que entendem tratar-se o contrato de *FACTORING* de uma técnica financeira e de gestão comercial, incluindo-o nos contratos de operações bancárias; todavia esse entendimento é minoritário.

2.4. OBJETO DO CONTRATO

O objeto principal do contrato está na "concessão onerosa do crédito". Esse procedimento é regulamentado pelo Código Civil, arts. 286 a 298.

Todavia, atualmente, não se limita a esse comércio. Pode o *FACTOR* tomar para seu encargo todos os procedimentos concernentes à cobrança dos créditos, mesmo daqueles que não comprou. Pode, ainda, prestar serviços de consultoria para o faturizado, antes da venda a prazo, aconselhando-o quanto a idoneidade dos compradores. Pode, ainda, prestar serviços de controle contábil e até mesmo administrativo, bem como de compra de matéria-prima.

Em resumo, o *FACTORING* pode ocupar-se de várias atividades como:

— cessão onerosa do crédito, ou comércio de títulos, ou compra de direitos creditórios, ou do faturamento da empresa;

— gestão do crédito, ou gerenciamento dos créditos;

— assessoria creditícia e mercadológica;

— administração de contas a pagar e a receber;

— seleção de clientes para os vendedores.

— informações comerciais sobre produtos similares;

— orientação contábil, jurídica e administrativa;

— serviços de marketing, como estudos de mercado, investigação de clientes, aproveitamento de situações e momentos propícios para incrementar vendas.

2.5. OBRIGATORIEDADE DA NOTIFICAÇÃO DO DEVEDOR

Como observado retro, tratando-se de contrato cujo objeto principal é a cessão de crédito, nos termos do art. 290 do Código Civil, a cessão de crédito somente terá eficácia em relação do devedor se este for notificado ou se o mesmo, por instrumento público ou particular houver se declarado ciente da cessão.

A notificação, basicamente, serve para levar ao conhecimento do devedor que suas dívidas foram transferidas e que deverão ser pagas para outra pessoa. E, se caso, mesmo assim ele efetuar o pagamento ao faturizado, este terá a obrigação de, imediatamente, transferir a importância ao *FACTOR*. Por outro lado, caso não ocorra a notificação ou não se comprove que o devedor tinha conhecimento da transferência, se o pagamento for efetuado para o faturizado, a conseqüência será a validade dos pagamentos.

Além do efeito de indicar o credor do crédito, a notificação permite ao devedor a impugnação da dívida caso haja algum problema entre ele o faturizado, que deverá ser efetuado em prazo mínimo.

2.6. MODALIDADES DE CONTRATOS

O *FACTORING* pode tomar várias formas. Muito embora não exista unanimidade na doutrina quanto à classificação, adotaremos as explicações de Venosa (2001, p. 475):

> *"Tradicionalmente, a doutrina revela, com sentido histórico, três modalidades. O colonial factor, que consiste na aquisição de mercadorias por uma empresa que se encarrega de colocá-las no mercado, agindo como depositária ou comissionaria. Essa modalidade é confundida com a comissão ou representação mercantil, sendo hoje mera referência histórica. Pelo old line factor, o faturizador encarrega-se de cobrar as faturas do faturizado, desempenhando atividade restrita de ordem financeira. No New line factor, o faturizador, além da cobrança, encarrega-se de várias outras atividades em prol do faturizado, utilizando-se de várias técnicas financeiras."* (Luca, 1986, p. 20)

Na chamada faturização ao estilo antigo (*old line FACTORING*) há três subespécies:

— A CONVENCIONAL (*CONVENTIONAL FACTORING*) – a operação de *FACTORING* propriamente dita. Nesta modalidade, a empresa de *FACTORING* compra direitos creditórios ou ativos, oriundos de vendas a prazo, ou de prestação de serviços, através de um contrato de fomento mercantil. Esta cessão de direitos deverá estar instrumentada através de documentação que comprove a notificação do vendedor ao consumidor (sacado-devedor). O pagamento é feito à vista pela sociedade de fomento mercantil.

— A *MATURITY FACTORING* (faturização de vencimento) é a qual a empresa *FACTOR* acolhe os créditos que lhe são cedidos, mas efetua o pagamento somente no prazo de vencimento de cada título. Entretanto, a partir do pagamento, assume o risco do inadimplemento se houver. Diferencia-se do convencional, porque os títulos de crédito são remetidos pela empresa-cliente à sociedade de fomento mercantil e por esta liquidados no vencimento (não ocorre a antecipação do crédito como na espécie convencional).

— IMPORTAÇÃO e EXPORTAÇÃO – Nessa modalidade, a exportação/importação é intermediada por duas empresas de *FACTORING* (uma de cada país envolvido), que garantem a operacionalidade e liquidação do negócio. Nesta modalidade são utilizados os instrumentos das espécies anteriores, conforme o tipo de negociação.

Já no *NEW LINE FACTOR*, onde se mistura a técnica financeira com a técnica de gestão comercial, apoiamo-nos em Rizzardo (1997 pp. 34/37):

— *COLLECTION TYPE FACTORING AGREEMENT* – representa serviço de mera cobrança, pagando-se à empresa após o recebimento da fatura.

— *INTERCREDIT* – atividade dirigida a garantir o pagamento das faturas.

— *OPEN FACTORING* – é o compromisso de se cobrar as faturas com o pagamento das compras e vendas comerciais.

— *UNDISCLOSED FACTORING* (quase *FACTORING*) – "Há uma venda, pelo cliente, das mercadorias para o *FACTOR*, que as revende a outras pessoas, sendo comum a modalidade nas exportações."

— *FACTORING WITH RECOURSE* – verifica-se quando o cliente ou faturizado recebe a notificação da conta, que deverá pagá-la diretamente ao *FACTOR*. Todavia, o *FACTOR* poderá cobrar do cliente caso o devedor não cumpra a obrigação.

— *NON NOTIFICATION FACTORING* – Neste caso a cessão do crédito não é noticiada ao devedor, pois a cobrança é feita pelo próprio contratante que repassará os valores recebidos, correspondentes às faturas cedidas *pro soluto*.

— *TRUSTEE* – Além da cobrança e da compra de títulos, a *FACTORING* presta assessoria administrativa e financeira às empresas fomentadas, tais como: assessoria de crédito, mercadológica, análise de risco, contas a receber, contas a pagar e outros serviços de natureza administrativa e financeira. Trata-se da gestão financeira e de negócios da empresa-cliente, que passa a trabalhar com caixa zero, otimizando sua capacidade financeira, bem como, com a criação de uma relação de confiança com o *FACTOR*, dedica-se exclusivamente à produção, ficando a cargo do *FACTOR*, inclusive, o planejamento da expansão do comércio e o desenvolvimento do mercado.

— *FACTORING* MATÉRIA-PRIMA — A *FACTORING* nesse caso transforma-se em intermediária entre a empresa fomentada e seu fornecedor de matéria-prima. A *FACTORING* compra à vista o direito futuro deste fornecedor e a empresa paga a *FACTORING* com o faturamento gerado pela transformação desta matéria-prima.

2.7. OS TÍTULOS NEGOCIÁVEIS E SUAS IMPLICAÇÕES LEGAIS

Como já explicitado, o objeto principal da empresa de *FACTORING* é a compra de duplicatas de fatura. Até bem pouco tempo as vendas a prazo eram representadas tão-somente pela emissão de duplicatas, portanto somente se podia realizar as transações com tais documentos.

Atualmente, no entanto, há o instrumento do cheque "pré-datado", melhor definido como pós-datado que, muito embora contradiga as leis (Lei dos Cheques — nº 7.357/1985 — determina que o cheque "é pagável à vista" em seu art. 32, e a Lei nº 5.474/1968 proíbe a emissão de "outra espécie de título de crédito" para expressar vendas a prazo no seu art. 2º), é largamente utilizado na prática.

Assim, temos dois títulos que podem ser utilizados para o *FACTORING*: a duplicata e o cheque.

a) A duplicata

É o único título que representa as transações a prazo, nos termos do art. 2º da Lei nº 5.474, de 18.7.1968 (No ato da emissão da fatura, dela poderá ser extraída uma duplicata para circulação com efeito comercial, não sendo admitida qualquer outra espécie de título de crédito para documentar o saque do vendedor pela importância faturada ao comprador).

A duplicata constitui, portanto, título de crédito sujeito ao processo de execução (art. 585, I, CPC), ou seja, regendo-se pelas regras que tratam dos títulos de crédito.

A Lei da Duplicata (nº 5.474/1968) em seu art. 25 expressa que aplicam-se à duplicata, no que couber, os dispositivos da legislação sobre emissão, circulação e pagamento das letras de câmbio.

Observando o art. 11 da Lei Uniforme de Genebra, sobre letras de câmbio e notas promissórias, promulgada pelo Decreto nº 57.663, de 24.1.1966, verifica-se que esses títulos são transferíveis por via de endosso; e o art. 14 da mesma lei determina que o endosso transmite todos os direitos emergentes da letra, com a ressalva do art. 15 de que o endossante, salvo cláusula em contrato, é garante tanto da aceitação como do pagamento da letra. Mas o art. 9º dessa lei é expresso: "o sacador é garante tanto da aceitação como do pagamento de letra. O sacador pode exonerar-se da garantia de aceitação; *toda e qualquer cláusula pela qual ele se exonere da garantia do pagamento considera-se como não escrita*" (grifo nosso).

Ora, no contrato de *FACTORING* é a empresa que, ao comprar o título do faturizado, se responsabiliza pelo recebimento! Frontalmente contra os ditames legais.

Todavia, há que se observar que o *FACTORING* constitui uma figura jurídica própria com estrutura e conteúdo peculiares.

A doutrina muito tem discutido sobre o tema, inclusive com sugestão de se alterar a Lei nº 5.474/1968. Todavia entendemos que o mais acertado seria, quando da legislação sobre o *FACTORING*, efetivar a caracterização do endosso de duplicata quando se tratar de contrato de *FACTORING*.

O intuito legal quando da disciplina sobre o endosso foi o de, ao permitir a circulação da duplicata, isso ocorrer para pagamento de dívida, ou seja, o empresário na posse de duplicatas e com débito perante terceiro, através do endosso transmite a ele o direito de receber esse crédito, extinguindo, por outro lado, a sua dívida.

No caso do *FACTORING* o faturizado não possui dívida com o *FACTOR*, na verdade o faturizado o procura tão somente para VENDER seu crédito e obter uma antecipação de valores. Daí a diferença. De onde a necessidade de se constar cláusula no contrato dessa sub-rogação sem o direito de regresso, principalmente porque, quando da compra, o valor pago por isso é alto; o risco deve ficar com a empresa de *FACTORING*.

A prática mostra e, em relação ao tema, a jurisprudência tem-se manifestado de forma quase pacífica, ao considerar a hipótese de regresso quando o endosso não corresponde a verdadeira intenção negocial ou por si só de má-fé.

b) O cheque

Principalmente no comércio, tornou-se praxe no crediário a utilização de cheques com data certa de pagamento, nos períodos de 30, 60, 90 até 120 dias após a compra efetiva do bem. E, de posse desses títulos a empresa procura pelo *FACTOR* para vendê-lo.

Muito embora haja divergência doutrinaria, já se reconhece o cheque pré-datado como título formal, não perdendo sua característica ou natureza de título de crédito.

Também a jurisprudência já institucionalizou a prática deste instituto, ora como um contrato ora como um título de crédito.

2.8. POR QUE OS OUTROS TÍTULOS NÃO PODEM SER NEGOCIADOS EM UM CONTRATO DE *FACTORING*?

O contrato de *FACTORING* dirige-se basicamente para a negociação do crédito (compra dos faturamentos ou dos ativos das pessoas jurídicas comerciais), muito embora não exista regulamentação própria na legislação brasileira. A introdução desse instituto no Brasil se deu inspirado no acordado na Convenção de Ottawa, onde se definiu que somente existe o contrato de *FACTORING* quando da transferência de valores a receber, esses valores se refiram a venda de bens destinados ao comércio – ou seja, atende somente a empresas comerciais, não podendo atingir os consumidores finais.

A transferência do crédito se processa por meio do endosso dos respectivos títulos, inquestionavelmente oriundos de transação comercial (vendas de bem ou prestação de serviço), com emissão de nota fiscal. Dessa forma, chega-se à duplicata (título emitido para documentar uma venda mercantil, feita para pagamento a prazo, uma vez que a nota fiscal não é título de crédito) e, atualmente, ao cheque "pré-datado".

Todos os demais títulos podem não se originar de uma transação não comercial, o que descaracterizaria o objetivo do instituto do *FACTORING*.

A letra de câmbio representa uma ordem de pagamento e, juntamente com a nota promissória (Decreto nº 2.044, de 1908) constitui título formal. Ao credor cabe colocar os dados necessários na letra: o valor a ser pago, os nomes do credor e do devedor, a pessoa a quem deve ser encaminhada, as datas do pagamento e da emissão. O devedor lança sua assinatura no título, o que caracteriza o aceite.

Já a nota promissória corresponde a uma promessa de pagamento, emitida diretamente pelo devedor a seu credor, com a data para o cumprimento da obrigação.

Ambos os títulos podem não se originar de uma transação comercial, como por exemplo, uma compra e venda a prazo entre particulares, um empréstimo etc.

O conhecimento de depósito (também chamado de certificado de depósito) é título emitido pelos armazéns gerais ou de depósito, com a finalidade de servir de prova da entrega das mercadorias, sendo passado à pessoa que faz o depósito. Ao se transferir a propriedade das mercadorias, transfere-se o conhecimento de depósito. Pode ser emitido sozinho ou vir acompanhado do *warrant* que exprime a garantia (a caução) e pode ser executado caso não pagas ou devolvidas as mercadorias, como também pode ser transferido por meio do endosso.

Há, também, o conhecimento de transporte, emitido pelo transportador e entregue ao carregador (consignante).

Como se observa, tratam-se de títulos originários de prestação de serviços que não têm como fim o comércio, descaracterizados, portanto, do contrato de *FACTORING*.

Os outros títulos, como as cédulas pignoratícias ou hipotecárias rurais, industriais ou comerciais, advêm das operações de financiamento celebradas com bancos.

3
A CONVENÇÃO DE OTTAWA

O UNIDROIT[3] – Instituto Internacional para Unificação do Direito Privado – estudou, pela primeira vez, o contrato de *FACTORING* na década de 1970 e, em 1988 organizou a Convenção de Ottawa com o objetivo de delimitar os contornos deste contrato em relações internacionais.

Foram cinqüenta e cinco países participantes, inclusive o Brasil, sendo certo que somente quatorze a assinaram em 28 de maio de 1988, e apenas três países a ratificaram (Itália, França e Nigéria).

Nessa convenção *FACTORING* foi definido como um contrato concluído entre uma parte (o fornecedor) e uma outra parte (o representante) onde o fornecedor transfere ao representante os valores a receber provenientes de contratos de vendas de bens celebrados entre o fornecedor e seus clientes (devedores), diferentes daqueles para as vendas de bens, adquiridos

---

3. O UNIDROIT foi criado em 1926 pela Liga das Nações com a finalidade de preparar, gradualmente, a adaptação, por diversos Estados, de uma legislação de direito civil uniforme.

principalmente para seu uso pessoal, familiar ou residencial. Em resumo, na convenção de Ottawa definiu-se que somente existe o contrato de *FACTORING* quando da transferência de valores a receber, esses valores refiram-se a venda de bens destinados ao comércio, ou seja, vendas a consumidores que não sejam consumidores finais.

Ao se firmar tal contrato, o representante (empresa de *FACTORING*) deverá desempenhar no mínimo duas das seguintes funções:

— financiamento ao fornecedor, incluindo empréstimos e pagamentos adiantados;

— manutenção de contas (livro-razão) relativo aos valores a receber;

— cobrança dos valores a receber;

— proteção contra inadimplemento do pagamento pelos devedores.

CONVENÇÃO
SOBRE FACTORING INTERNACIONAL DA UNIDROIT

Os Estados partes desta Convenção, conscientes do fato de que o FACTORING internacional tem um importante papel a cumprir no desenvolvimento do comércio internacional,

Reconhecendo portanto a importância da adoção de normas uniformes para estabelecer uma estrutura legal que facilitará o FACTORING internacional, ao manter um justo equilíbrio de interesses entre as diferentes partes envolvidas nas transações de FACTORING,

Adotaram conforme segue:

Capítulo I
ÂMBITO DE APLICAÇÃO E DISPOSIÇÕES GERAIS

Art. 1 – 1. Esta Convenção rege os contratos de FACTORING e a cessão de valores a receber conforme descritos neste Capítulo.

2. Para as finalidades desta Convenção, o contrato de FACTORING refere-se ao contrato concluído entre uma parte (o fornecedor) e uma outra parte (o representante), nos termos do qual:

(a) o fornecedor possa transferir ou irá transferir ao representante os valores a receber provenientes de contratos de vendas de bens celebrados entre o fornecedor e seus clientes (devedores) diferentes daqueles para as vendas de bens, adquiridos principalmente para seu uso pessoal, familiar ou residencial;

(b) o representante deverá desempenhar no mínimo duas das seguintes funções:

— financiamento ao fornecedor, incluindo empréstimos e pagamentos adiantados;

— manutenção de contas (livro-razão) relativo aos valores a receber;

— cobrança dos valores a receber;

— proteção contra inadimplemento do pagamento pelos devedores;

(c) deverá ser entregue aviso aos devedores referente à cessão de valores a receber.

3. Nesta Convenção, as referências a bens e à venda de bens deverão incluir serviços e o fornecimento de serviços.

4. Para as finalidades desta Convenção:

(a) um aviso por escrito não necessitará ser assinado mas deverá identificar a pessoa por quem ou em cujo nome o mesmo está sendo fornecido;

(b) o (aviso por escrito) inclui, mas não está limitado aos telegramas, telex ou qualquer outra telecomunicação capaz de ser reproduzida de um modo tangível;

(c) o aviso por escrito é entregue ao ser recebido pelo destinatário.

Art. 2 – 1. Esta convenção será aplicável sempre que os valores a receber transferidos nos termos de um contrato de FACTORING, surgirem de um contrato de venda de bens entre um fornecedor e um devedor cujos locais de negócios estiverem em diferentes Estados, e:

(a) àqueles Estados e ao Estado no qual o representante tiver seu local comercial são os Estados Contratantes; ou

(b) o contrato de venda de bens e o contrato de FACTORING são regidos pela lei de um Estado contratante.

2. Uma referência nesta Convenção ao local comercial de uma parte, se a mesma tiver mais de um local comercial, significará que é o local comercial que estiver relacionado de maneira mais próxima ao contrato em questão e ao seu desempenho, levando em conta as circunstâncias conhecidas pelas partes ou contempladas pelas mesmas em qualquer momento antes ou na conclusão do contrato.

Art. 3 – 1. A aplicação desta Convenção poderá ser excluída:

(a) pelas partes do contrato de FACTORING, ou

(b) pelas partes do contrato de venda de bens, com relação aos valores a receber que surgirem quando for entregue um aviso escrito ao representante acerca de tal exclusão ou após tal entrega.

2. Onde a aplicação desta Convenção for excluída em conformidade com o parágrafo anterior, tal exclusão poderá ser feita apenas com relação à Convenção como um todo.

Art. 4 – 1. Na interpretação desta convenção, dever-se-á ter atenção ao seu objeto e finalidade conforme estabelecido no preâmbulo, à sua natureza internacional e à necessidade de promover uniformidade na sua aplicação e quanto a observância da boa-fé no comércio internacional.

2. Questões referentes aos assuntos regidos pela presente Convenção, que não forem expressamente solucionadas pela mesma baseia-se ou, na ausência de tais princípios, conforme as leis aplicáveis em virtude das normas de direito internacional privado.

Capítulo II
DIREITO E DEVERES DAS PARTES

Art. 5 – Entre as partes do contrato de FACTORING:

(a) uma disposição do contrato de FACTORING referente à cessão dos valores a receber existentes ou futuros não deverá ser considerada inválida pelo fato de o contrato não a especificar individualmente, se quando do término do contrato ou quando a mesma aparecer, puder ser identificada como pertencendo ao contrato;

(b) uma disposição do contrato de FACTORING através do qual os valores futuros a receber são cedidos opera a transferência dos valores a receber ao representante ao aparecerem e necessitarem de qualquer novo ato de transferência.

Art. 6 – 1. A cessão de um valor a receber pelo fornecedor ao representante será eficaz independentemente de qualquer contrato entre o fornecedor e o devedor proibindo tal cessão.

2. No entanto, tal cessão não será eficaz contra o devedor quando, no momento da conclusão do contrato de venda de bens, o mesmo tiver seu local comercial em um Estado Contratante que tiver feito uma declaração conforme a Cláusula 18 desta Convenção.

3. Nada do parágrafo 1 afetará qualquer obrigação de boa-fé devida pelo fornecedor ao devedor ou qualquer responsabilidade do fornecedor perante o devedor com relação a uma cessão feita em violação dos termos do contrato de venda de bens.

Art. 7 – Um contrato de FACTORING poderá validamente estabelecer entre as partes do mesmo a transferência, com ou sem um novo ato de transferência, de todos e quaisquer dos direitos do fornecedor originados do contrato de venda de bens, incluindo o benefício de qualquer disposição do contrato de venda de bens, reservando ao fornecedor a titularidade dos bens ou criando qualquer participação em garantia.

Art. 8 – 1. O devedor terá a obrigação de pagar o representante se, e apenas se, o devedor não tiver conhecimento do direito superior de qualquer pessoa ao pagamento e aviso por escrito da cessão:

(a) for entregue ao devedor pelo fornecedor com a autorização do fornecedor;

(b) identificar adequadamente os valores a receber, os quais tiverem sido transferidos e o representante a quem ou para cuja conta o devedor deverá fazer o pagamento; e

(c) referir-se aos valores a receber que surgirem de um contrato de venda de bens celebrado no momento em que o aviso for entregue ou antes deste momento; e

(d) referir-se aos valores a receber que surgirem de um contrato de venda de bens celebrado no horário em que o aviso for entregue ou antes mesmo do mesmo.

2. Independentemente de qualquer outro motivo com relação ao qual o pagamento pelo devedor ao representante liberar o devedor da responsabilidade, o pagamento será efetivo para esta finalidade se realizado em conformidade com o parágrafo anterior.

Art. 9 – 1. Em uma reivindicação do representante em relação ao devedor pelo pagamento de um valor a receber que surgir de um contrato de venda de bens, o devedor poderá interpor contra o representante todas as defesas que surgirem naquele contrato das quais o devedor poderia ter se beneficiado se tal reivindicação tivesse sido feita pelo fornecedor.

2. O devedor também poderá interpor contra o representante qualquer direito de indenização com relação às reivindicações existentes contra o fornecedor em cujo favor surgiu o valor a receber ao devedor quando da entrega ao devedor de um aviso escrito de cessão nos termos do art. 8 (1).

Art. 10 – 1. Sem prejuízo dos direitos do devedor previstos no Artigo 9, o não-desempenho ou o desempenho imperfeito ou retardado do contrato de venda de bens não deverá por si só intitular o devedor a recuperar o valor perdido pelo devedor ao representante se o devedor tiver o direito de recuperar aquele valor do fornecedor.

2. O devedor que tiver tal direito de recuperar o fornecedor um valor pago ao representante com relação a um valor a receber deverá todavia ser intitulado a recuperar aquele valor do representante na medida em que:

(a) o representante não tiver liberado uma obrigação de realizar pagamento ao fornecedor com relação aquele valor a receber; ou

(b) o representante realizou tal pagamento quando ele sabia do não-desempenho ou do desempenho imperfeito ou atrasado do fornecedor com relação aos bens aos quais o pagamento do devedor referirem-se.

Capítulo III
SUBSEQÜENTES CESSÕES

Art. 11 – 1. *Onde um valor a receber for cedido pelo fornecedor a um representante nos termos de um contrato de FACTORING regido pela presente Convenção:*

(a) *as normas estabelecidas nos Artigos 5 a 10 deverão, sujeitas ao subparágrafo (b) deste parágrafo, aplicar-se a qualquer cessão subseqüente do valor a receber pelo representante ou por um subseqüente cessionário;*

(b) *as disposições dos Artigos 8 a 10 serão aplicáveis como se o subseqüente cessionário fosse o representante.*

2. *Para as finalidades desta Convenção, o aviso ao devedor da subseqüente cessão também representa aviso da cessão ao representante.*

Art. 12 – *Esta Convenção não será aplicável a uma subseqüente cessão, a qual é proibida pelos termos do contrato de FACTORING.*

Capítulo IV
DISPOSIÇÕES FINAIS

Art. 13 – 1. *Esta Convenção poderá ser assinada na reunião de conclusão da conferência Diplomática para a Adoção e o Leasing Financeiro Internacional, podendo ser assinado por todos os Estados em Ottawa até 31 de dezembro de 1990.*

2. *Esta convenção está sujeita à ratificação, aceitação ou aprovação pelos Estados que a assinarem.*

3. *Esta convenção está aberta para ser aderida por todos os Estados que são Estados não-signatários desde a data em que poderá ser assinada.*

4. A ratificação, aceitação, aprovação ou adesão é realizada pelo depósito de um instrumento formal para aquela finalidade junto ao depositário.

Art. 14 – 1. Esta Convenção entrará em vigor no primeiro dia do mês seguinte à expiração de seis meses após a data de depósito do terceiro instrumento de ratificação, aceitação, aprovação ou adesão.

2. Para cada Estado que ratificar, aceitar, aprovar ou aderir à presente convenção após o depósito do terceiro instrumento de ratificação, aceitação, aprovação ou adesão, esta Convenção entrará em vigor com relação àquele Estado neste primeiro dia do mês seguinte à expiração de seis meses após a data de depósito do seu instrumento de ratificação, aceitação, aprovação ou adesão.

Art. 15 – Esta Convenção não prevalece sobre qualquer tratado que já tiver sido celebrado ou que possa ser celebrado.

Art. 16 – 1. Se um Estado Contratante tem duas ou mais unidades territoriais nas quais diferentes sistemas legais são aplicáveis em relação aos assuntos tratados nesta Convenção, ele poderá, no momento da assinatura, ratificação, aceitação ou adesão, declarar que esta Convenção será aplicável a todas as suas unidades territoriais ou apenas a um ou mais delas, podendo substituir, a qualquer momento, sua declaração por outra.

2. Tais declarações deverão ser notificadas ao depositário e deverão expressamente declarar as unidades territoriais às quais a Convenção é aplicável.

3. Se, em virtude de uma declaração feita nesta cláusula, esta Convenção estender-se a um ou mais mas não a todas as unidades territoriais de um Estado Contratante, e se a sede comercial de uma parte estiver localizada naquele Estado, este local comercial, para as finalidades desta Convenção, será considerado como não estando dentro de um Estado Contratante, a menos que o mesmo estiver em uma unidade territorial à qual a Convenção seja aplicável.

4. Se um Estado Contratante não fizer qualquer declaração nos termos do parágrafo 1, a Convenção estender-se-á a todas as unidades territoriais daquele Estado.

Art. 17 – 1. Dois ou mais Estados Contratantes que têm normas legais iguais ou próximas nos assuntos regidos pela presente Convenção poderão a qualquer tempo declarar que esta Convenção não será aplicável onde o fornecedor, o representante e o devedor tiverem seus locais comerciais naqueles Estados. Tais declarações poderão ser feitas juntamente ou por declarações recíprocas unilaterais.

2. Um Estado Contratante que tiver as mesmas normas legais ou próximas em assuntos regidos pela presente Convenção igualmente a um ou mais Estados Contratantes poderá a qualquer tempo declarar que a Convenção não será aplicável onde o fornecedor, o representante e o devedor tiverem seus locais de negócios naqueles Estados.

3. Se um Estado que for objeto de uma declaração nos termos dos parágrafos anteriores tornar-se um Estado Contratante, a declaração realizada irá, a partir da data em que a Convenção entrar em vigor com relação ao novo Estado Contratante, ter o efeito de uma declaração feita nos termos do parágrafo 1, contando que o novo Estado Contratante adira a tal declaração ou faça uma declaração recíproca unilateral.

Art. 18 – Um Estado Contratante poderá a qualquer momento fazer uma declaração em conformidade com a cláusula 6 (2) no sentido de que uma cessão nos termos do Artigo 6 (1) não seja eficaz contra o devedor quando, no momento de conclusão do contrato de venda de bens, ele tiver sua sede comercial naquele Estado.

Art. 19 – 1. As declarações feitas nos termos desta Convenção no momento de assinatura estão sujeitas à *confirmação mediante a ratificação, aceitação ou aprovação.*

2. *As declarações e confirmações de declarações deverão ser feitas por escrito e ser formalmente notificadas ao depositário.*

3. *Uma declaração entra em vigor simultaneamente com a entrada em vigor desta Convenção com relação ao Estado envolvido. No entanto, uma declaração acerca da qual o depositário receber uma notificação formal após a entrada em vigor desta Convenção indicará que tal entrada em vigor ocorrerá no primeiro dia do mês seguinte à expiração dos seis meses após a data de seu recebimento pelo depositário.*

4. *Qualquer Estado que fizer uma declaração nos termos desta convenção poderá cancelá-la a qualquer momento através de notificação formal por escrito encaminhada ao depositário. Tal cancelamento entrará em vigor no primeiro dia do mês seguinte à expiração de seis meses após a data de recebimento da notificação pelo depositário.*

5. *O cancelamento de uma declaração feita nos termos do Artigo 17 torna-se inoperante em relação ao Estado que fez o cancelamento, a partir da data em que o cancelamento ocorrer, sendo qualquer declaração conjunta ou recíproca feita por um outro Estado nos termos daquela disposição.*

Art. 20 – *Não são permitidas quaisquer reservas exceto aquelas expressamente autorizadas nesta Convenção.*

Art. 21 – *Esta Convenção é aplicável quando os valores a receber cedidos nos termos de um contrato de FACTORING surgirem de um contrato de venda de bens concluído na data em que a Convenção entrar em vigor com relação aos Estados Contratantes mencionados no Artigo 2 (1) (a) ou após a mesma, ou ao Estado Contratante ou Estado mencionado no parágrafo 1 (b) daquele artigo, contanto que:*

(a) o contrato de FACTORING seja concluído naquela data ou após a mesma; ou

(b) as partes do contrato de FACTORING tenham acordado no sentido de que a Convenção deverá ser aplicada.

Art. 22 – 1. Esta Convenção poderá ser denunciada por qualquer Estado Contratante a qualquer tempo após a data em que a mesma entrar em vigor com relação àquele Estado.

2. A denúncia é realizada pelo depósito de um instrumento para aquela finalidade com o depositário.

3. Uma denúncia entrará em vigor no primeiro dia do mês seguinte à expiração de seis meses após o depósito do instrumento de denúncia junto ao depositário. Onde for especificado um período maior para que a denúncia entre em vigor no instrumento de denúncia ele entrará em vigor mediante a expiração de tal período mais longo após seu depósito junto ao depositário.

Art. 23 – 1. Esta Convenção deverá ser depositada junto ao Governo do Canadá.

2. O Governo do Canadá deverá:

(a) informar a todos os Estados que assinarem ou consentirem com esta Convenção e o Presidente do Instituto Internacional de Unificação do Direito Privado (UNIDROIT) SOBRE:

(i) cada nova assinatura ou depósito de um instrumento de ratificação, aceitação, aprovação ou adesão, juntamente com a data do mesmo;

(ii) cada declaração feita nos termos dos Artigos 16, 17 e 18;

(iii) a retirada de qualquer declaração feita conforme o Artigo 19 (4);

(iv) a data de entrada em vigor da Convenção;

(v) o depósito de um instrumento de denúncia desta Convenção juntamente com a data de seu depósito e a data em que o esmo entrar em vigor.

(b) transmissão de cópias certificadas da Convenção a todos os Estados signatários, a todos os Estados que concordarem com a Convenção e ao Presidente do Instituto Internacional de Direito Privado (UNIDROIT).

Em testemunho de que os infra-assinados plenipotenciários, sendo devidamente autorizados por seus respectivos Governos, assinaram esta Convenção.

Celebrada em Ottawa, neste dia vinte e oito de maio, de mil novecentos e oitenta e oito, em um único original, do qual os textos em inglês e francês são igualmente idênticos.

4
A FALTA DE LEGISLAÇÃO SOBRE FACTORING NO BRASIL

No Brasil ainda não existe lei específica que regulamente o *FACTORING*.

Em 1995, ao regulamentar a incidência de base de cálculo para recolhimento de Imposto de Renda, a Lei nº 8.981, na alínea "c4" do § 1º do art. 28 definiu empresa de *FACTORING* como aquela que efetua:

> *"prestação cumulativa e contínua de serviços de assessoria creditícia, mercadológica, gestão de crédito, seleção e riscos, administração de contas a pagar e a receber, compras de direitos creditórios resultantes de vendas mercantis a prazo ou de prestação de serviços (FACTORING)".*

Esse artigo foi revogado pela Lei nº 9.249/1995 (que altera a legislação do imposto de renda) a qual manteve a mesma redação no seu art. 15, § 1º, inciso III, letra "d".

A legislação fiscal, sempre que menciona as empresas de FACTORING, utiliza-se dessa definição [Lei nº 9.718/1998, art. 14, VI; Decreto nº 4.494, de 3.12.2002, Lei nº 10.637/2002 (PIS), Lei nº 10.833/2003 (PIS/COFINS)].

Observa-se, ainda, a resolução BACEN nº 2.144, de 22 de fevereiro de 1995, que, aproveitando-se da conceituação dada pela Lei nº 8.981, delimita a área de atuação das empresas de FACTORING.

Na Câmara Federal vários projetos de lei já tramitaram e foram arquivados e se referiam a diversos assuntos como segue:

— equiparação das empresas de FACTORING a instituições financeiras:

    PL 3181/1992 – arquivado em 14.11.1995

    PL 108/2000 – arquivado em 31.1.2007

    PLP 21/2003 – arquivado em 31.1.2007

— restrições às sociedades de fomento mercantil (FACTORING):

    PL 5612/2001 – arquivado em 31.1.2007

— regulamentação para que empresas de FACTORING assumam a posição de financiador dos comerciantes:

    PL 3972/1989 – arquivado em 2.2.1991

— limitação das operações de FACTORING:

    PL 566/1995 – arquivado em 31.1.2007

— dispondo sobre as operações de fomento mercantil (FACTORING):

    PL 230/1995 – Emenda 001 do CCJ (Senado) – arquivado em 15.1.2003

    PL 3896/2000 – arquivado em 19.3.2007

    PL 5375/2001 – arquivado em 16.6.2004

    PLP 46/2003 – arquivado em 31.1.2007

Há dois projetos de lei ainda em trâmite na Câmara Federal:

PL 3194/1997 – dispõe sobre operação de desconto de duplicata nas instituições financeiras e sociedades de fomento mercantil (*FACTORING*) e dá outras providências.

Projeto de autoria do Deputado Chico da Princesa (PTB/PR) foi arquivado em 31.1.2007, teve requerimento de desarquivamento solicitado em 13.2.2007 e então desarquivado em 10.4.2007;

PL 3615/2000 – dispõe sobre o fomento mercantil especial de exportação ou *FACTORING* de exportação e dá outras providências.

Projeto de autoria do Deputado João Hermman Neto (PPS/SP) teve a redação final aprovada por unanimidade em 7.3.2007 e foi encaminhado ao Senado Federal em 16.3.2007 (íntegra do projeto consta no apêndice do presente trabalho).

Como se pode observar, atualmente nem mesmo projeto de lei com intenção de regulamentar as atividades das empresas de *FACTORING* no Brasil estão em trâmite no legislativo brasileiro.

Os dois em andamento tratam de desconto de duplicata e *FACTORING* de exportação, ou seja, apenas abrangem parte das atividades possíveis de uma empresa de *FACTORING*.

4.1. RESOLUÇÃO BC Nº 2.144/1995

Esclarece sobre operações de FACTORING e operações privativas de instituições financeiras.

O Banco Central do Brasil, na forma do art. 9º da Lei nº 4.595, de 31.12.1964, torna público que o Conselho Monetário Nacional, em sessão realizada em 22.2.1995, tendo em vista o disposto no art. 4º, inciso VI, da referida Lei, e face ao contido no art. 28, § 1º, alínea "c.4", da Lei nº 8.981, de 20.1.1995, que conceitua como FACTORING a atividade de prestação cumulativa e contínua de serviços de assessoria creditícia, mercadológica, gestão de crédito, seleção e riscos, administração de contas a pagar e a receber, compras de direitos creditórios resultantes de vendas mercantis a prazo ou de prestação de serviços,

Resolveu:

Art. 1º. Esclarecer que qualquer operação praticada por empresa de fomento mercantil (FACTORING) que não se ajuste ao disposto no art. 28, § 1º, alínea "c.4", da Lei nº 8.981, de 20.1.1995, e que caracterize operação privativa de instituição financeira, nos termos do art. 17, da Lei nº 4.595, de 31.12.1964, constitui ilícito administrativo (Lei nº 4.595, de 31.12.1964) e criminal (Lei nº 7.492, de 16.6.1986).

Art. 2º. Esta Resolução entra em vigor na data de sua publicação.

Brasília, 22 de fevereiro de 1995

Persio Arida – Presidente

4.2. QUAL A BASE LEGAL PARA A EXISTÊNCIA DO *FACTORING* NO BRASIL?

Diante da inexistência de regulamentação legal específica, o instituto do *FACTORING* serve-se, principalmente da Lei Civil vigente.

As atividades consolidaram-se em uma linha de ação (compra de faturamento ou dos ativos de pessoas jurídicas) e delimitou-se os setores de atuação.

A transferência ou a compra dos créditos se processa através do endosso em preto dos respectivos títulos (coloca-se o nome da empresa de *FACTORING* no verso do título).

É inquestionável que quem atua nesse setor exerce atividade comercial, devendo, portanto, constituir uma empresa comercial por meio de contrato social devidamente registrado na Junta Comercial. E, realizando atos de comércio – prestação de serviço – deve atuar seguindo as leis comerciais, atualmente o Código Civil.

Isso se confirma pela própria história da evolução das atividades da *FACTORING* no Brasil. Houve tempo em que se vedava a prática do *FACTORING* por empresas não autorizadas pelo Banco Central do Brasil, diante da interpretação dos arts. 17 e 18 da Lei nº 4.595, de 31.12.1964: "consideram-se instituições financeiras, para os efeitos da legislação em vigor, as pessoas jurídicas públicas ou privadas, que tenham como atividade principal ou acessória, a coleta, intermediação ou aplicação de recursos financeiros próprios ou de terceiros, em moeda nacional ou estrangeira, e a custódia de valor de propriedade de terceiros." – "As instituições financeiras somente poderão funcionar no País mediante prévia autorização do Banco Central do Brasil ou Decreto do Poder Executivo, quando forem estrangeiras".

Dessa forma, além do registro na Junta Comercial, às empresas de *FACTORING* impunha-se os trâmites para constituição de estabelecimento financeiro e, nesse sentido, a Circular BACEN nº 703, de 16.6.1982 proibiu a constituição de sociedades de *FACTORING* enquanto não viesse a regulamentação própria emanada do Conselho Monetário Nacional.

Todavia, isso começou a mudar aos 12.6.1986, quando a Segunda Turma do Tribunal Federal de Recursos, julgando a apelação no Mandado de Segurança 99.964-RS, determinou o arquivamento, na Junta Comercial do Rio Grande do Sul, dos atos constitutivos de uma sociedade de *FACTORING*, independentemente de autorização do Banco Central:

> *COMERCIAL E ADMINISTRATIVO. REGISTRO DO COMÉRCIO. EXERCÍCIO DE ATIVIDADES FINANCEIRAS. FACTORING, FATURIZAÇÃO OU COMPRA DE ATIVOS. BANCO CENTRAL DO BRASIL. FUNÇÕES DE*

REGISTRO E DE FISCALIZAÇÃO DE ATIVIDADES COMERCIAIS. DISTINÇÃO. LEIS NºS 4.595/1964 E 4.726/1965. 1. Não pode o banco Central do Brasil interferir nas funções de registro comercial, reguladas pela Lei nº 4.726/1965. Estas funções competem às Juntas Comerciais, sob supervisão e orientação técnica do Departamento Nacional do Registro do Comércio. Não há confundir o registro comercial de firmas com o seu funcionamento. Controle e fiscalização deste, quando implique atividades financeiras, e que cabem ao Banco Central. 2. FACTORING ou faturização. Enquanto não regulada por lei a constituição ou registro de sociedades que se proponham ao exercício desse tipo de atividade comercial não cabe às autoridades administrativas, com apoio em simples opiniões doutrinárias, opor-lhes, a priori, restrições de qualquer natureza. Se, no exercício efetivo de suas atividades comerciais, se verificar que interferem em atividades financeiras não autorizadas, então sim caberá ao Banco Central agir na forma da lei.

A partir de então outras manifestações judiciais seguiram a mesma linha o que fez com que o Banco Central revisse sua posição e, por meio da Circular nº 1.359 de 30.9.1988 (que foi revogada pela Circular nº 3.081/2002), revogou a de nº 703. A Resolução nº 2.144, de 22.2.1995, por outro lado, vem admitir o *FACTORING* como atividade lícita, assim como as leis de cunho tributário.

Enfim, enquanto não houver uma legislação própria, devemo-nos socorrer do Código Civil, em suas regras gerais, para dirimir dúvidas.

5
JURISPRUDÊNCIA

Com a intenção de disponibilizar o entendimento dos Tribunais, subdividiremos os julgados por temas:

5.1. DISTINÇÃO ENTRE *FACTORING* E DESCONTO BANCÁRIO DE TÍTULOS

01. STF – Processo HC 7463/PR – *Habeas Corpus* 1998/0033241-3 – Relator(a) Min. Félix Fischer (1109) – Órgão Julgador: T5 Quinta Turma – Data do Julgamento: 13.10.1998 – Data da Publicação/Fonte: *DJ* de 22.2.1999, p. 112 – *LEXSTJ* 119/285 – *RJADCOAS* 5/60 – *RSTJ* 115/430.

Ementa: HABEAS CORPUS – CRIME SOCIETÁRIO – FALTA DE JUSTA CAUSA E INÉPCIA DA DENÚNCIA – ATIVIDADES PRIVATIVAS DE INSTITUIÇÃO FINANCEIRA – *FACTORING* – INDIVIDUALIZAÇÃO DA CONDUTA. I – *FACTORING* não se confunde com Instituição Financeira, sendo vedada à empresa de FACTORING a prática de qualquer operação com as características privativas das instituições financeiras autorizadas a funcionar pelo Banco Central. II — Não é possível em sede de habeas corpus discutir se as atividades exercidas, in casu, configuram, ou não, operações financeiras, circunstância que exige aprofundado exame de prova. III — A denúncia, calcada em dados válidos e suficientes para a admissibilidade da acusação, e permitindo a adequação típica, não é inepta e nem carecedora de falta de justa causa. IV — A pormenorização das condutas na denúncia, em crime societário, praticado às ocultas, em escritório, é, conforme o caso, totalmente prescindível.

Writ indeferido.

Acórdão: Por unanimidade, indeferir o pedido.

Resumo Estruturado: Não ocorrência, inépcia, denúncia, falta, justa causa, ação penal, apuração, crime contra a ordem tributária, decorrência, desnecessidade, individualização da conduta, acusado, inexistência, violação, princípio da legalidade, princípio da ampla defesa. impossibilidade, empresa, FACTORING, realização, operação financeira, ato privativo, instituição financeira, descabimento, habeas corpus, discussão, atividade, empresa, objetivo, caracterização, instituição financeira, empresa, FACTORING, caracterização, matéria de prova.

Referência Legislativa: LEG: FED LEI: 007492 ANO: 1986 — LCCSF-86 LEI DOS CRIMES CONTRA O SISTEMA FINANCEIRO NACIONAL — ART: 00011 ART: 00016 — LEG: FED LEI: 008137 ANO: 1990 — ART: 00001 INC: 00002 — LEG: FED DEL: 003689 ANO: 1941 — CPP-41 CODIGO DE PROCESSO PENAL — ART: 00041 — LEG: FED LEI: 008981 ANO: 1995 — ART: 00028 — LEG: FED RES: 002144 ANO: 1995 — (CONSELHO MONETARIO NACIONAL) — LEG: FED LEI: 004595 ANO: 1964 — ART: 00044 PAR: 00007 ART: 00018 ART: 00019 — LEG: FED DEL: 003689 ANO: 1941 — CPP-41 CODIGO DE PROCESSO PENAL — ART: 00648 INC: 00006 ART: 00043 INC: 00001

Doutrina: FACTORING no Brasil, Atlas, 5ª ed., p. 47/48, Luiz Lemos Leite • FACTORING Vitória da Legalidade, FEBRAFAC, p. 56, Luiz Lemos Leite • O FACTORING e a Legislação Bancária Brasileira, p. 80, Luiz Lemos Leite.

02. STF – Ext 841 / RFA – República Federal da Alemanha – Extradição – Relator(a): Min. Carlos Velloso – Julgamento: 23.10.2003 – Órgão Julgador: Tribunal Pleno – Publicação: DJ de 30.4.2004, p. 00033 – Ementário 2149-01/129.

Parte(s): Reqte.: Governo da Alemanha / Extdo.: Wilhelm Just / Adv. (a/s): Carmen da Costa Barros e outros.

Ementa: CONSTITUCIONAL – PENAL – EXTRADIÇÃO – CRIMES DE FRAUDE, ABUSO DE CONFIANÇA e BANCARROTA. I – O crime de fraude, previsto no Código Penal alemão, corresponde ao crime de estelionato no Código Penal brasileiro, art. 171. Extradições 789/RFA e 665/RFA, Min. M. Corrêa, DJ de 24.11.2000 e 6.9.1996. II – Crime de abuso de confiança: Código Penal alemão, § 266, incisos 1 e 2: sua correspondência, na lei brasileira, Lei nº 7.492/1986, que define os crimes contra o Sistema Financeiro Nacional, art. 4º – gestão fraudulenta. III – Crime de bancarrota, Código Penal alemão: no direito penal brasileiro, crime de falência: Decreto-Lei nº 7.661/1945. Ext 789/RFA, Min. M. Corrêa, DJ de 24.11.2000. IV – Crime falimentar: prescrição: o processo falimentar, segundo a lei brasileira, deve ser encerrado em dois anos após a declaração da falência: Decreto-Lei nº 7.661/1945, art. 132, § 1º. A prescrição do crime ocorrerá quando completados dois anos do encerramento: Decreto-Lei nº 7.661/1945, art. 199 e parágrafo único. Súmula 147/STF. V – Prescrição ocorrente, no caso, segundo a lei brasileira, quanto aos crimes falimentares. VI – Extradição deferida, em parte.

Decisão: Após o voto do Senhor Min. Carlos Velloso, Relator, deferindo, em parte, o pedido de extradição, com exceção dos crimes de falência, no que foi acompanhado pelos Senhores Ministros Joaquim Barbosa e Gilmar Mendes, e dos votos dos Senhores Ministros Sepúlveda Pertence, Carlos Britto e Cezar Peluso, deferindo o pedido quanto ao crime de fraude, pediu vista a Senhora Ministra Ellen Gracie. Ausentes, justificadamente, os Senhores Ministros Celso de Mello e Nelson Jobim. Falaram, pelo extraditando, o Professor Paulo José da Costa Júnior, e, pelo Ministério Público Federal, o Dr. Cláudio Lemos Fonteles, Procurador-Geral da República. Presidência do Senhor Min. Maurício Corrêa. Plenário, 1º.7.2003. Prosseguindo-se no julgamento, após o voto do Relator, que deferia, em parte, a extradição, com exceção do crime de falência, pediu vista dos autos o Senhor Min. Marco Aurélio. Reajustaram os votos proferidos anteriormente, na fundamentação, para acompanhar o voto da Senhora Ministra Ellen Gracie, os Senhores Ministros Carlos Velloso, Relator, Joaquim Barbosa e Gilmar Mendes. Ausente, justificadamente, neste julgamento, o Senhor Min. Nelson Jobim. Presidência do Senhor Min. Maurício Corrêa. Plenário, 27.8.2003. O Tribunal, por maioria, deferiu, em parte, o pedido de extradição quanto aos delitos de fraude e abuso de confiança, vencidos, em menor extensão, os Senhores Ministros Sepúlveda Pertence, Carlos Britto e Cezar Peluso, que o deferiam apenas quanto ao delito de fraude, e, integralmente, o Senhor Min. Marco Aurélio, que indeferia o pedido. Ausente, justificadamente, o Senhor Min. Maurício Corrêa, Presidente. Presidiu o julgamento o Senhor Min. Nelson Jobim, Vice-Presidente. Plenário, 23.10.2003.

Indexação: Deferimento, parcialidade, pedido, extradição, crime, fraude, abuso de confiança, existência, correspondência, legislação brasileira, estelionato, gestão fraudulenta, empresa de *FACTORING*, equiparação, instituição financeira, exclusão, crime, bancarrota, correspondência, crime falimentar, decorrência, prescrição • Ocorrência, preenchimento, requisito, legislação brasileira, finalidade, concessão, extradição. – (voto vencido), indeferimento, parcialidade, extradição, crime, abuso de confiança, país requerente, ausência, tipicidade, direito brasileiro • Necessidade, verificação, requisito, dupla tipicidade, parâmetro, imputação, fato, impossibilidade, comparação, em abstrato, duplicidade, tipo legal, (Min. Sepúlveda Pertence). – (voto vencido), indeferimento, totalidade, pedido, extradição, decorrência, prescrição, crime falimentar • Ocorrência, enquadramento, fato, narração, mandado internacional de prisão, lei de falências • Impossibilidade, enquadramento, atividade, empresa alemã, FACTORING, "leasing", tipo penal, Brasil, crime contra o sistema financeiro, motivo, inexistência, capitação, recursos, terceiro, ocorrência, hipótese, integração, terceiro, sociedade, empresa (Min. Marco Aurélio).

Legislação: LEG-FED CF ANO-1988 ART-00004 INC-00002 ART-00005 INC-00054 – CF-1988 CONSTITUIÇÃO FEDERAL – LEG-FED DEL-002848 ANO-1940 ART-00108 INC-00004 ART-00109 INC-00003 – INC-00004 ART-00168 ART-00171 – CP-1940 CÓDIGO PENAL – LEG-FED LEI-004595 ANO-1964 ART-00017 PAR-ÚNICO – LEG-FED LEI-006815 ANO-1980 – ART-00076 – EE-1980 ESTATUTO DO ESTRANGEIRO (REDAÇÃO DADA PELA LEI-6964/1981). – LEG-FED LEI-007492 ANO-1986 – ART-00001 PAR-ÚNICO INC-00001 INC-00002 – ART-00004 "CAPUT" ART-00004 PAR-ÚNICO – Crimes Contra o Sistema Financeiro – LEG-FED LEI-009249 ANO-1995 – ART-00015 PAR-00001 INC-00003 LET-D – LEG-FED DEL-007661 ANO-1945 – ART-00132 PAR-00001 ART-00186 INC-00006 – ART-00187 ART-00188 ART-00199 PAR-ÚNICO – LF-1945 LEI DE FALÊNCIAS – LEG-FED SUM-000147 SUPREMO TRIBUNAL FEDERAL – STF – LEG-FED RES-002144 ANO-1995 (BANCO CENTRAL DO BRASIL).

Doutrina: "Regime Legal da Empresa de FACTORING", Arnoldo Wald, 1997, RT 740/145-160.

03. STF – HC 83.674-7 MC / SP – São Paulo – Medida Cautelar no Habeas Corpus – Relator(a) Min. Carlos Velloso – Decisão Proferida pelo(a) Min. (a) Maurício Corrêa – Julgamento em 29.12.2003 – Publicação: DJ 3.2.2004, p. 00009.

Partes: Pacte.(s): Odail Maximiliano Cavinatti ou Odail Maximiliano Cavinati / Impte.(s): Celso Sanchez Vilardi e outro(a/s) / Coator(a/s)(es): Superior Tribunal de Justiça.

Despacho.

Decisão: Trata-se de pedido de reconsideração da decisão de fl. 62v., pela qual o Min. Carlos Velloso indeferiu a liminar requerida. 2. O mérito da impetração tem por base a falta de justa causa, por atipicidade do fato, para a ação penal em que o paciente é acusado da prática do crime descrito no art. 16 da Lei nº 7.492/1986 (operar instituição financeira sem autorização do Banco Central). 3. Alega-se que o processo administrativo no qual se apurava o referido ilícito foi arquivado sob o fundamento de que a empresa Max *FACTORING* Ltda. não atuava como instituição financeira e portanto não violava a mencionada Lei. 4. Sustenta-se ainda que a jurisprudência do Superior Tribunal de Justiça sobre a matéria destoa do recente entendimento firmado pela 2ª Turma desta Corte ao julgar o HC 81324, Jobim, *DJ* de 23.8.2002. Naquela oportunidade a ordem foi concedida para trancar a ação penal, por atipicidade, tendo em vista que o processo administrativo que motivou a representação foi arquivado por decisão do órgão recursal do Banco Central do Brasil. 5. O Ministério Público Federal, no parecer de fls. 81/85, da lavra da Subprocuradora-Geral da República Delza Curvello Rocha, reconhece a consistência jurídica das razões da impetração e opina pelo deferimento da ordem. 6. Tendo em vista a manifestação favorável da PGR, a proximidade do recesso e das férias forenses, além da iminente prolação de uma sentença, os impetrantes postulam a reconsideração da decisão do relator, a fim de sobrestar a Ação Penal 2000.61.81.006852-8, em trâmite na 8ª Vara Criminal Federal de São Paulo, que se encontra na fase das alegações finais (CPP, art. 500), o que caracteriza o *periculum in mora.* É o relatório. Decido. 7. Assiste razão aos impetrantes. O Conselho de Recursos do Sistema Financeiro Nacional, ao julgar o Recurso 2948, consignou: "Tendo em vista que no presente caso não ocorreu captação de recursos junto ao público em geral, ficando, desta forma, descaracterizada a operação como atividade privativa de instituição financeira, acolho o Recurso Voluntário interposto reformando integralmente a respeitável decisão proferida em primeira instância para arquivar o processo administrativo." (Fl. 48). 8. Como visto antes, a Segunda Turma desta Corte, no julgamento do HC 81324, Jobim, *DJ* de 23.8.2002, examinou questão parecida e decidiu pela falta de justa causa para a instauração da ação penal, por atipicidade do fato. Leia-se o teor da ementa: "HABEAS CORPUS. PENAL. PROCESSO PENAL. CRIME CONTRA O SISTEMA FINANCEIRO NACIONAL. REPRESENTAÇÃO. DENÚNCIA. PROCESSO ADMINISTRATIVO. ARQUIVAMENTO. AÇÃO PENAL. FALTA DE JUSTA CAUSA. Denúncia por crime contra o Sistema Financeiro Nacional oferecida com base exclusiva na representação do BANCO CENTRAL determinando o arquivamento do processo administrativo, que motivou a representação. A instituição bancária constatou que a dívida, caracterizadora do ilícito, foi objeto de repactuação nos autos de execução judicial. O Conselho de Recursos do Sistema Financeiro Nacional referendou essa decisão. O Ministério Público, antes do oferecimento da denúncia, deveria ter promovido a adequada investigação criminal. Precisava, no mínimo, apurar a existência de nexo causal e do elemento subjetivo do tipo. E não basear-se apenas na representação do BANCO CENTRAL. Com a decisão do BANCO, ocorreu a falta de justa causa para prosseguir com a ação penal, por evidente atipicidade do fato. Não é, portanto, a independência das instâncias administrativa e penal que está em questão. HABEAS deferido." 9. Lembro que naquela oportunidade proferi voto vista concordando com o Relator Min. Nelson Jobim. Destaco, por pertinente, a seguinte passagem do meu voto: "7. Na assentada de 26 próximo passado, o Min. Jobim concedeu a ordem para trancar a ação penal, dado que, segundo a sua visão, o caso é de falta de justa causa pela atipicidade do fato. 8. Ora, pela leitura das peças que propositadamente li, resulta evidente que, revista a matéria objeto do que pareceu anteriormente ao Banco Central tratar-se de conduta criminosa que se desfez, pela circunstância, aliás bem explicitada, de que a operação causadora da persecução delituosa, foi na verdade lícita, já que as providências adotadas pelo paciente enquadram-se na atividade bancária, tendo havido repactuação das dívidas que aquele estabelecimento entendeu corretas, no que tange à inexistência das chamadas "Operações de Crédito em Liquidação". 9. Com efeito, ficando provado, às escâncaras, que a hipótese é de ação penal tendo como causa o que não existe, não é possível, sob nenhum título jurídico, que se dê curso à persecução penal, de modo a submeter o paciente a constrangimento dessa natureza, quando a prática por ele adotada não constitui nenhum tipo de ilícito que possa ensejar a atuação do órgão do Ministério Público. 10. Não se cuida, pois, de qualquer vinculação como registrou o acórdão impugnado, de autonomia das instâncias, mas sim de falta de justa causa para a *persecutio criminis*, pela impossibilidade jurídica de enquadramento penal do paciente. 11. Essa conclusão, em conseqüência, não tem nada a ver com aqueles casos em que se busca inibir a atuação do Ministério Público, por outros fundamentos que não os que aqui se discute, como pareceu ao ilustre subscritor do parecer de fls.186/190, e sim de impossibilidade jurídica para a atuação do Parquet. 12. Incensurável, portanto, o voto do Min. Jobim, a quem acompanho para também determinar o trancamento da ação penal em causa." 10. Ora, com muito mais razão, o caso dos autos impõe o reconhecimento da existência de indevido constrangimento ilegal, em virtude da ausência, como antes já referido, de conduta que pudesse levar o Banco Central a tê-la como ilícita. 11. É patente, desse modo, o *fumus boni iuris*. O *periculum in mora* reside na possibilidade de uma condenação sem justa causa. Ante o exposto, com a devida vênia do Min. Carlos Velloso, defiro o pedido e reconsidero a r. decisão de fl. 62v. para determinar o sobrestamento da Ação Penal 2000.61.81.006852-8, em trâmite na 8ª Vara Criminal Federal de São Paulo, até o julgamento final deste *writ*. Comunique-se. Intime-se. Brasília, 29 de dezembro de 2003. Min. Maurício Corrêa – Presidente.

Legislação: LEG-FED DEL-003689 ANO-1941 ART-00500 – CPP-1941 CÓDIGO DE PROCESSO PENAL – LEG-FED LEI-007492 ANO-1986 ART-00016 – LEI DO COLARINHO BRANCO – LEI ORDINÁRIA

5.2. TRIBUTÁRIO

04. STF – ADI-MC 1763 / DF – Distrito Federal – Medida Cautelar na Ação Direta de Inconstitucionalidade – Relator(a): Min. Sepúlveda Pertence – Julgamento: 20.8.1998 – Órgão Julgador: Tribunal Pleno. Publicação: *DJ* 26.9.2003, p. 00005 – *Ementário* 02125-01/95 – *RTJ* 191-01/70.

Parte(s): Reqte.: Confederação Nacional do Comércio – CNC / Advda.: Fernanda Guimarães Hernandez / Advs.: Liliana Rodrigues e outros / Reqdo.: Presidente da República / Reqdo.: Congresso Nacional.

Ementa: IOF: incidência sobre operações de *FACTORING* (Lei nº 9.532/1997, art. 58): aparente constitucionalidade que desautoriza a medida cautelar. O âmbito constitucional de incidência possível do IOF sobre operações de crédito não se restringe às praticadas por instituições financeiras, de tal modo que, à primeira vista, a lei questionada poderia estendê-la às operações de *FACTORING*, quando impliquem financiamento (*FACTORING* com direito de regresso ou com adiantamento do valor do crédito vincendo – Conventional *FACTORING*); quando, ao contrário, não contenha operação de crédito, o *FACTORING*, de qualquer modo, parece substantivar negócio relativo a títulos e valores mobiliários, igualmente susceptível de ser submetido por lei à incidência tributária questionada.

Decisão: O Tribunal, por votação unânime, indeferiu o pedido de medida cautelar. Votou o Presidente. Plenário, 20.8.1998.

Indexação: Indeferimento, liminar, declaração, inconstitucionalidade, lei, autorização, incidência, (IOF), imposto, operação, crédito, câmbio, seguro, títulos, valores mobiliários, relação, atividade, empresa *FACTORING* • Existência, reciprocidade, *periculum in mora*, matéria tributária.

Legislação: LEG-FED CF ANO-1967 – ART-00022 INC-00006 – ART-00021 INC-00006 (Redação dada pela EMC-1/1969) CF-1967 CONSTITUIÇÃO FEDERAL – LEG-FED CF ANO-1988 – ART-00153 INC-00005 – CF-1988 CONSTITUIÇÃO FEDERAL – LEG-FED EMC-000018 ANO-1965 – ART-00014 INC-00001 (CF-1946) – LEG-FED EMC-000001 ANO-1969 – LEG-FED LEI-005172 ANO-1966 – ART-00063 INC-00001 INC-00002 INC-00003 – INC-00004 PAR-ÚNICO – CTN-1966 CÓDIGO TRIBUTÁRIO NACIONAL – LEG-FED LEI-005143 ANO-1965 – LEG-FED LEI-006385 ANO-1976 – LEG-FED LEI-009532 ANO-1997 ART-00058

Observação: N.PP.: (21). Análise: (DMV). Revisão: (RCO). Inclusão: 19 12.2003, (SVF). Alteração: 10.10.2005, (AAS).

Doutrina: Tratado Teórico e Prático dos Contratos, Maria Helena Diniz, Saraiva, 2ª ed., 1996, p. 65. • *A Faturização no Direito Brasileiro,* Orlando Gomes, Revista dos Tribunais, 1986, p. 48.

05. STF – RE-ED-EDv 155602 / RN – Rio Grande do Norte – Emb. Div. nos Emb. Decl. no Recurso Extraordinário – Relator(a): Min. Sepúlveda Pertence – Julgamento: 21.5.1998 – Órgão Julgador: Tribunal Pleno – Publicação: *DJ* 1º.9.2000, p. 00114 – *Ementário* **02002-02/274.**

Parte(s): Embte.: União Federal / Adv.: PFN – Silvia Maria Carneiro Ribeiro / Embdo.: Fabrasa *FACTORING* do Brasil S/A / Advs.: Eider Furtado de Mendonça e Menezes e outro.

Ementa: I. Finsocial: empresas dedicadas exclusivamente à prestação de serviço: constitucionalidade do art. 28 da Lei nº 7.738/1989 (RE 150.755), que se estende, no que diz com tais contribuintes, às sucessivas majorações de sua alíquota por leis ordinárias subseqüentes, cuja declaração de inconstitucionalidade, no RE 150.764, foi conseqüência da invalidade do art. 9º da Lei nº 1.689/1988, atinente às empresas vendedoras de mercadorias, exclusivamente ou não – proclamada naquele mesmo julgamento: embargos de divergência conhecidos e recebidos. II. Inconstitucionalidade: a declaração incidente da inconstitucionalidade de certo dispositivo legal não inibe o STF de reduzir-lhe os efeitos à verdadeira extensão do julgado, ajustando-a, quando necessário, às dimensões de sua motivação.

Indexação: TR1216, Fundo de Investimento Social (FINSOCIAL), cobrança, constitucionalidade, alíquota, majoração, empresa, exclusividade, prestação de serviço, hipótese diversa, ocorrência, inconstitucionalidade, declaração anterior, eficácia, redução, possibilidade.

Legislação: LEG-FED CF ANO-1988 – ART-00195 INC-00001 – CF-1988 CONSTITUIÇÃO FEDERAL – LEG-FED ADCT ANO-1988 – ART-00056 (CF-1988). LEG-FED LEI-007689 ANO-1988 ART-00009 – LEG-FED LEI-007738 ANO-1988 ART-00028 – LEG-FED LEI-007787 ANO-1989 ART-00007 – LEG-FED LEI-007894 ANO-1989 – ART-00001 – LEG-FED LEI-008147 ANO-1990 ART-00001 – LEG-FED DEL-001940 ANO-1982.

Observação: Votação: unânime. Resultado: conhecidos e recebidos.

Acórdãos citados: RE-150755 (*RTJ* 149/259), RE-150764 (*RTJ* 147/ 1024), RE-163727 (*RTJ* 177/1342), RE-181857, RE-187436. N.PP.(13). Análise: (JBS). Revisão: (RCO/AAF).

Acórdãos no mesmo sentido: RE 175193 ED-EDv ANO-2001 UF-PR Turma-TP N.PP-010 – Min. Sepúlveda PERTENCE; *DJ* 1º.6.2001, p. 00088 – *Ementário* 02033-04/738.

06. STJ – Ag Rg no REsp 801143 / CE – Agravo Regimental no Recurso Especial 2005/0199333-1 – Relator(a): Min. José Delgado (1105) – Órgão Julgador T1 – Primeira Turma – Julgamento: 3.8.2006. Publicação/Fonte: *DJ* 31.8.2006, p. 241.

Ementa: TRIBUTÁRIO – AGRAVO REGIMENTAL – COFINS – *FACTORING*. 1. Pretensão no sentido de as empresas de *FACTORING* não serem obrigadas ao pagamento do COFINS. 2. Alegação expressa de que a pretensão posta em juízo visa a declaração de inconstitucionalidade do Ato Declaratório nº 31/97, da Secretaria da Receita Federal, que explicita a composição da base de cálculo da COFINS. 3. Discussão da lide que envolve, unicamente, matéria de natureza constitucional. 4. Invocação de dispositivos infraconstitucionais que não foram prequestionados no acórdão recorrido. 5. Impossibilidade de tema constitucional ser discutido em sede de recurso especial. 6. Agravo regimental não-provido.

Acórdão: Vistos, relatados e discutidos os autos em que são partes as acima indicadas, acordam os Ministros da Primeira Turma do Superior Tribunal de Justiça, por unanimidade, negar provimento ao agravo regimental, nos termos do voto do Sr. Min. Relator. Os Srs. Ministros Francisco Falcão, Luiz Fux, Teori Albino Zavascki e Denise Arruda votaram com o Sr. Min. Relator.

07. STJ – REsp 591842 / RS – Recurso Especial 2003/0163002-2 – Relator(a) Ministra Eliana Calmon (1114) – Órgão Julgador T2 – Segunda Turma – Julgamento: 13.12.2005 – Publicação/Fonte: *DJ* 6.3.2006, p. 300 – *RDDT* 128/165.

Ementa: TRIBUTÁRIO – ISS – COMPRA E VENDA DE DIREITOS CREDITÓRIOS. 1. A atividade de *FACTORING* figura na lista de serviços anexa à LC nº 56/1987, sendo tributada como o ISS e identificada como atividade comercial mista e atípica. 2. A intermediação financeira de recursos, dentre as quais a aquisição de direitos creditórios, é operação tipicamente bancária, nada tendo a ver com a atividade de FACTORING. 3. Não-incidência do ISS por não figurar a atividade específica na lista dos serviços. 4. Recurso especial parcialmente provido.

Acórdão: Vistos, relatados e discutidos os autos em que são partes as acima indicadas, acordam os Ministros da Segunda Turma do Superior Tribunal de Justiça, "Prosseguindo-se no julgamento, a Turma, por unanimidade, deu parcial provimento ao recurso, nos termos do voto da Sra. Ministra-Relatora." Os Srs. Ministros João Otávio de Noronha, Castro Meira e Francisco Peçanha Martins votaram com a Sra. Ministra Relatora.

Referência Legislativa: LEG: FED LCP: 000056 ANO: 1987 ART: 00048 LEG: FED LEI: 005869 ANO: 1973 CPC-73 CÓDIGO DE PROCESSO CIVIL DE 1973 ART: 00020 PAR: 00004.

Doutrina: FACTORING no Brasil, Luiz Lemos Leite, p. 298/300.

Veja: (Honorários Advocatícios – Embargos do Devedor) STJ – EREsp 81755-SC (JBCC 190/96), RESP 237807-RS, RESP 236734-AL, REspF 506889.

5.3. INSCRIÇÃO JUNTO AO CONSELHO REGIONAL DE ADMINISTRAÇÃO

08. **STJ – Esp 497882 / SC – Recurso Especial 2003/0015415-9 – Relator(a) Min. João Otávio de Noronha (1123) – Órgão Julgador T2 – Segunda Turma – Julgamento: 3.5.2007. Publicação/Fonte: DJ 24.5.2007, p. 342.**

Ementa: ADMINISTRATIVO – RECURSO ESPECIAL – EMPRESA DE FACTORING – NECESSIDADE DE REGISTRO NO CONSELHO REGIONAL DE ADMINISTRAÇÃO. 1.

As empresas que desempenham atividades relacionadas ao *FACTORING* não estão dispensadas da obrigatoriedade de registro no Conselho Regional de Administração, porquanto comercializam títulos de crédito, utilizando-se de conhecimentos técnicos específicos na área da administração mercadológica e de gerenciamento, bem como de técnicas administrativas aplicadas ao ramo financeiro e comercial. 2. Recurso especial improvido.

Acórdão: Vistos, relatados e discutidos os autos em que são partes as acima indicadas, acordam os Ministros da Segunda Turma do Superior Tribunal de Justiça, por unanimidade, negar provimento ao recurso nos termos do voto do Sr. Min. Relator. Os Srs. Ministros Castro Meira, Humberto Martins, Herman Benjamin e Eliana Calmon votaram com o Sr. Min. Relator. Presidiu o julgamento o Sr. Min. João Otávio de Noronha.

5.4. RESPONSABILIDADE DO FATURIZADO NA IMPOSSIBILIDADE DE COBRANÇA DE CRÉDITOS PELA FATURIZADORA

09. STJ – REsp 612423 / DF – Recurso Especial 2003/0212425-9 – Relator(a) Ministra Nancy Andrighi (1118) – Órgão Julgador T3 – Terceira Turma – Julgamento: 1º.6.2006 – Publicação/Fonte: DJ 26.6.2006, p. 132.

Ementa: PROCESSUAL CIVIL – COMERCIAL – RECURSO ESPECIAL – EXECUÇÃO – CHEQUES PÓS-DATADOS – REPASSE À EMPRESA DE *FACTORING* – NEGÓCIO SUBJACENTE – DISCUSSÃO – POSSIBILIDADE, EM HIPÓTESES EXCEPCIONAIS.

— A emissão de cheque pós-datado, popularmente conhecido como cheque pré-datado, não o desnatura como título de crédito, e traz como única conseqüência a ampliação do prazo de apresentação.

— Da autonomia e da independência emana a regra de que o cheque não se vincula ao negócio jurídico que lhe deu origem, pois o possuidor de boa-fé não pode ser restringido em virtude das relações entre anteriores possuidores e o emitente.

— Comprovada, todavia, a ciência, pelo terceiro adquirente, sobre a mácula no negócio jurídico que deu origem à emissão do cheque, as exceções pessoais do devedor passam a ser oponíveis ao portador, ainda que se trate de empresa de *FACTORING*.

— Nessa hipótese, os prejuízos decorrentes da impossibilidade de cobrança do crédito, pela faturizadora, do emitente do cheque, devem ser discutidos em ação própria, a ser proposta em face do faturizado.

Recurso especial não conhecido.

Acórdão: Vistos, relatados e discutidos estes autos, acordam os Ministros da Terceira Turma do Superior Tribunal de Justiça, na conformidade dos votos e das notas taquigráficas constantes dos autos, prosseguindo no julgamento, após o voto-vista do Sr. Min. Castro Filho, por maioria, não conhecer do recurso especial nos termos do voto da Sra. Ministra Relatora. Votou vencido o Sr. Min. Humberto Gomes de Barros. Os Srs. Ministros Castro Filho e Ari Pargendler votaram com a Sra. Ministra Relatora. Ausente, justificadamente, o Sr. Min. Carlos Alberto Menezes Direito.

Resumo Estruturado: Não ocorrência, descaracterização, título de crédito/hipótese, emissão, cheque pré-datado, objetivo, garantia, pagamento parcelado/decorrência, preservação, característica, título de crédito, e, título executivo extrajudicial; observância, jurisprudência, STJ; ocorrência, apenas, ampliação, prazo, apresentação, cheque. • Possibilidade, emitente, cheque, oposição, exceção pessoal, âmbito, execução por título extrajudicial, exeqüente, sociedade empresária, *FACTORING*/hipótese, emitente, entrega, cheque pré-datado, objetivo, garantia, venda a prazo, mercadoria; vendedor, repasse, cheque, sociedade empresária, *FAC-*

TORING; vendedor, não, entrega, mercadoria; emitente, cheque, realização, sustação, título de crédito/decorrência, contrato, FACTORING, não caracterização, apenas, endosso, cheque; FACTORING, caracterização, prestação de serviço, com, assunção, risco, pelo, inadimplemento, crédito; existência, responsabilidade, sociedade empresária, FACTORING, pela, não, verificação, inadimplemento, compra e venda; afastamento, abstração, cheque. • (Voto vista) (Min. Castro Filho) possibilidade, emitente, cheque, oposição, exceção pessoal, objetivo, discussão, *causa debendi*, título de crédito/hipótese, sociedade empresária, FACTORING, conhecimento, inadimplemento, negócio jurídico, origem, cheque; exeqüente, realização, acordo, sobre, devolução, cheque, emitente, antes, ajuizamento, execução por título extrajudicial/ocorrência, descumprimento, acordo, sobre, devolução, cheque; caracterização, má-fé, exeqüente; afastamento, autonomia (direito comercial), cheque. • (Voto vencido) (Min. Humberto Gomes de Barros) Impossibilidade, emitente, cheque, oposição, exceção pessoal, objetivo, discussão, *causa debendi*, título de crédito/decorrência, contrato, FACTORING, não, descaracterização, título de crédito; observância, abstração, e, autonomia (direito comercial), título de crédito; necessidade, desvinculação, título de crédito, e, negócio jurídico, compra e venda; sociedade empresária, FACTORING, caracterização, terceiro de boa-fé; necessidade, preservação, segurança, comércio.

Referência Legislativa: LEG: FED LEI: 007357 ANO: 1985; ART: 00013 ART: 00017 PAR: 00001 ART: 00025 ART: 00032 ART: 00033 LEG: FED LEI: 009249 ANO: 1995 ART: 00015 INC: 00003 LEG: FED DEC: 057663 ANO: 1966 LUG-66 LEI UNIFORME DE GENEBRA ART: 00011 ART: 00015

Doutrina: "O Contrato de FACTORING", in Revista Forense 253/458-459, Luiz Lemos Leite. • FACTORING, Arnaldo Rizzardo, Revista dos Tribunais, 3ª ed., 2004, p. 16 e 105/121.

Veja: (Cheque pós-datado – Características cambias – Manutenção) STJ – RESP 223486-MG (*RSTJ* 138/324,

JSTJ 19/292, RDR 16/224, RDJTJDFT 63/98), RESP 195748-PR (RDR 15/400, JSTJ 10/309) (Cheque – Investigação da causa debendi – Possibilidade) STJ – RESP 434433-MG (RDDP 6/225), RESP 43513-SP.

10. **REsp 43914 / RS – Recurso Especial 1994/0003932-8 – Relator(a) Min. Eduardo Ribeiro (1015) – Órgão Julgador T3 – Terceira Turma – Julgamento: 28.11.1995 – Publicação/Fonte: DJ 4.3.1996, p. 5402 – LEXSTJ 83/137.**

Ementa: Frustrada a expectativa do cessionário de títulos, por força de contrato de FACTORING, de receber o respectivo valor, por ato imputável ao cedente, fica esse responsável pelo pagamento. Juros, computo a partir da citação.

Acórdão: Por unanimidade, conhecer de recurso especial e lhe dar provimento parcial.

Resumo Estruturado: Responsabilidade, cedente, pagamento, cessionário, contrato, FACTORING, existência, devolução, mercadoria, réu, cabimento, juros, termo inicial, citação, correção monetária, início, vencimento, título.

Referência Legislativa: LEG: FED LEI: 005869 ANO: 1973 CPC-73 CODIGO DE PROCESSO CIVIL ART: 00302.

11. "A duplicata é título causal, que deve corresponder, sempre, a uma efetiva e comprovada compra e venda mercantil, ou à prestação de serviços. Endossado o título pela emitente-sacadora, aquele que o recebe, por endosso, é portador de boa-fé, em princípio. Todavia, se quem consta como sacado devedor alega nulidade do título por ausência completa de negócio jurídico subjacente, não se lhe pode exigir que faça prova negativa, e o *onus probandi* inverte-se, competindo ao endossante e/ou ao endossatário demonstrar a existência da prestação de serviço ou da compra e venda mercantil que deu

origem ao título. Improvado o negócio jurídico subjacente, procede a ação incidental de embargos à execução e se desconstitui o título, restando ao endossatário, se de boa-fé, voltar-se contra o endossante que criou o título sem causa" (Apel. 196039101, 2ª Câm. Cível TARGS – *JTARGS* 99/226, de 23.5.1996).

12. "Emitidas as duplicatas e endossadas posteriormente à empresa de *FACTORING*, já tendo havido o seu cancelamento pelo comprador com aceitação do vendedor, com a anulação judicial dos títulos, somente por meio de procedimento próprio pode a endossatária discutir sua relação com a emitente, em virtude do princípio da litiscontestação. (...) Entendemos que à Apelante (empresa de fomento) cabe a possibilidade de discutir o seu direito de regresso contra a endossante, porém, não nestes autos" (Apel. 219632-2, 6ª Câm. Civil do TAMG, de 29.8.1996).

5.5. INSTRUÇÃO DE PEDIDO DE FALÊNCIA

13. **STJ – REsp 419718 / SP – Recurso Especial 2002/0027749-0 – Relator(a) Min. Humberto Gomes de Barros (1096) – Órgão Julgador T3 – Terceira Turma – Julgamento: 25.4.2006 – Publicação/Fonte: *DJ* 22.5.2006, p. 191.**

Ementa: FALÊNCIA – NOTA PROMISSÓRIA – RELAÇÕES DECORRENTES DO CONTRATO DE DESCONTO DE TÍTULOS – *FACTORING*. Nota promissória emitida para o resgate de duplicatas frias objeto de *FACTORING*. Tal promissória é título hábil para instruir pedido de falência. É lícita a recompra de títulos "frios" transferidos em operação de *FACTORING*.

Acórdão: Vistos, relatados e discutidos os autos em que são partes as acima indicadas, acordam os Ministros da

Terceira Turma do Superior Tribunal de Justiça na conformidade dos votos e das notas taquigráficas a seguir, por unanimidade, não conhecer do recurso especial, nos termos do voto do Sr. Min. Relator. Os Srs. Ministros Ari Pargendler, Carlos Alberto Menezes Direito, Nancy Andrighi e Castro Filho votaram com o Sr. Min. Relator.

Veja: STJ – RESP 330014-SP – Recurso Especial nº 419.718 – SP (2002-0027749-0) – Relator: Min. Humberto Gomes de Barros – Recorrente: Metalmóoca Comércio e Indústria Ltda. – Advogado: Bruno Marcelo Rennó Braga e outros – Recorrido: Nova América *FACTORING* Ltda. – Advogado: Maurício Perucci e outros.

Ementa: FALÊNCIA – NOTA PROMISSÓRIA – RELAÇÕES DECORRENTES DO CONTRATO DE DESCONTO DE TÍTULOS – *FACTORING*. — Nota promissória emitida para o resgate de duplicatas frias objeto de *FACTORING*. Tal promissória é título hábil para instruir pedido de falência. — É lícita a recompra de títulos "frios" transferidos em operação de *FACTORING*.

Acórdão: Vistos, relatados e discutidos os autos em que são partes as acima indicadas, acordam os Ministros da Terceira Turma do Superior Tribunal de Justiça na conformidade dos votos e das notas taquigráficas a seguir, por unanimidade, não conhecer do recurso especial, nos termos do voto do Sr. Min. Relator. Os Srs. Ministros Ari Pargendler, Carlos Alberto Menezes Direito, Nancy Andrighi e Castro Filho votaram com o Sr. Min. Relator.

Brasília (DF), 25 de abril de 2006 (Data do Julgamento) – Min. Humberto Gomes de Barros, Relator – Documento: 2395423 Ementa / Acórdão – *DJ* 22.5.2006.

14. STJ – REsp 330014 / SP – Recurso Especial 2001/0074377-3 – Relator(a) Min. Carlos Alberto Menezes Direito (1108) – Órgão Julgador T3 – Terceira Turma – Julgamento: 28.5.2002 – Publicação/Fonte: *DJ* 26.8.2002, p. 212.

Ementa: FALÊNCIA – NOTA PROMISSÓRIA – RELAÇÕES DECORRENTES DO CONTRATO DE FATURIZAÇÃO – PRECEDENTE DA CORTE. 1. Se a empresa cedente dos títulos, em decorrência de contrato de *FACTORING*, deu causa a que os mesmos não pudessem ser recebidos, fica responsável pelo pagamento. 2. Afirmando o Acórdão recorrido que os títulos estavam viciados na origem e que a nota promissória fo emitida de acordo com o contrato celebrado entre as partes, afastando a hipótese de ter sido preenchida em branco, nada impede que possa servir para instruir pedido de falência. 3. Recurso especial não conhecido.

Acórdão: Vistos, relatados e discutidos os autos em que são partes as acima indicadas, acordam os Ministros da Terceira Turma do Superior Tribunal de Justiça, por unanimidade, não conhecer do recurso especial. Os Srs. Ministros Castro Filho e Ari Pargendler votaram com o Sr. Min. Relator. Ausentes, justificadamente, os Srs. Ministros Nancy Andrighi e Antônio de Pádua Ribeiro.

Resumo Estruturado: Cabimento, empresa, *FACTORING*, pedido, falência, cedente, duplicata, fundamentação, nota promissória, emissão, cedente, decorrência, aceitação, devolução, mercadoria caracterização, hipótese, previsão, contrato, *FACTORING*, responsabilidade, cedente, nulidade, duplicata.

Doutrina: OBRA: Contratos Comerciais, Carlos Alberto Bittar, Forense Universitária, 1990, p.192.

Veja: STJ – RESP 43914-RS (*LEXSTJ* 83/137).

5.6. TAXA DE JUROS

15. **STJ – REsp 623691 / RS – Recurso Especial 2004/0001616-5 – Relator(a) Min. Cesar Asfor Rocha (1098) – Órgão Julgador T4 – Quarta Turma – Julgamento: 27.9.2005 – Publicação/Fonte:** *DJ* **28.11.2005, p. 296.**

Ementa: AÇÃO DE REVISÃO CONTRATUAL E AÇÃO INDENIZATÓRIA – CONTRATO DE FINANCIAMENTO COM CESSÃO DE CRÉDITO A EMPRESA DE *FACTORING* VINCULADA A INSTITUIÇÃO FINANCEIRA. INCIDÊNCIA DA LEI DE USURA – JUROS MORATÓRIOS – DANO MORAL. PROTESTO INDEVIDO – *QUANTUM* INDENIZATÓRIO EXCESSIVO – REDUÇÃO. "Tratando-se de empresa que opera no ramo de *FACTORING*, não integrante do Sistema Financeiro Nacional, a taxa de juros deve obedecer à limitação prevista no art. 1º do Decreto nº 22.626, de 7.4.1933" (REsp nº 330.845/RS, relatado pelo eminente Min. Barros Monteiro, *DJ* de 15.9.2003). O fato de a empresa de *FACTORING* ser vinculada a instituição financeira tampouco altera tal disciplina. Os juros moratórios podem ser convencionados no limite previsto no Decreto nº 22.626/1933, consoante jurisprudência pacificada nesta Corte. "O valor da indenização por dano moral não pode escapar ao controle do Superior Tribunal de Justiça" (REsp nº 53.321/RJ, Min. Nilson Naves). Redução da condenação a patamares razoáveis, considerando as peculiaridades da espécie. Recurso especial parcialmente conhecido e, nessa extensão, provido.

Acórdão: Vistos, relatados e discutidos os autos em que são partes as acima indicadas, acordam os Ministros da Quarta Turma do Superior Tribunal de Justiça, na conformidade dos votos e das notas taquigráficas a seguir, por unanimidade, conhecer em parte do recurso e, nessa parte, dar-lhe provimento, nos termos do voto do Sr. Min. Relator. Os Srs. Ministros Fernando Gonçalves, Aldir Passarinho Junior, Jorge Scartezzini e Barros Monteiro votaram com o Sr. Min. Relator.

Referência Legislativa: LEG: FED DEC: 022626 ANO: 1933 LU-33 LEI DE USURA LEG: FED SUM: SUM(STJ) SÚMULA DO SUPERIOR TRIBUNAL DE JUSTIÇA SUM: 000007.

Veja: (Empresa de *FACTORING* – Incidência da Lei de Usura) STJ – RESP 330845-RS (*RSTJ* 180/432), RESP

489658-RS (*RDDP* 29/119, RJP 5/127), RESP 119705-RS (*RSTJ* 109/161, RDR 12/240, *LEXSTJ* 111/134) (Comissão de permanência e juros – Lei de Usura) STJ – RESP 489658-RS (*RDDP* 29/119, *RJP* 5/127) (Juros – Limitação) STJ – RESP 487648-RS, RESP 402483-RS, RESP 538753-RS (Reparação do dano – Prova do prejuízo) STJ – RESP 196024-MG (*RSTJ* 124/396).Sucessivos: REsp 740834 MT 2005/0058143-8 Decisão: 23.8.2005, *DJ* de 28.11.2005 p. 314.

16. **STJ – REsp 489658 / RS – Recurso Especial 2002/0155862-8 – Relator(a) Min. Barros Monteiro (1089) – Órgão Julgador T4 – Quarta Turma – Julgamento: 5.5.2005 – Publicação/Fonte: *DJ* 13.6.2005, p. 310 – *RDDP* 29/119 – *RJP* 5/127.**

Ementa: AÇÃO REVISIONAL – CONTRATO DE COMPRA E VENDA COM RESERVA DE DOMÍNIO – EMPRESA DE *FACTORING* – LIMITAÇÃO DA TAXA DE JUROS. COMISSÃO DE PERMANÊNCIA – INCIDÊNCIA DA LEI DE USURA. – Tratando-se de empresa que opera no ramo de *FACTORING*, não integrante do Sistema Financeiro Nacional, a taxa de juros deve obedecer à limitação prevista no art. 1º do Decreto nº 22.626, de 7.4.1933. – Exigência descabida da comissão de permanência e da capitalização mensal dos juros. – Incidência das Súmulas nºs 5 e 7 – STJ quanto à pretensão de empregar-se a TR como fator de atualização monetária. Recurso especial não conhecido.

Acórdão: Vistos e relatados estes autos em que são partes as acima indicadas: Decide a Quarta Turma do Superior Tribunal de Justiça, por unanimidade, não conhecer do recurso, nos termos do voto do Sr. Min. Relator, na forma do relatório e notas taquigráficas precedentes que integram o presente julgado. Votaram com o Relator os Srs. Ministros Fernando Gonçalves, Aldir Passarinho Junior e Jorge Scartezzini. Ausente, justificadamente, o Sr. Min. César Asfor Rocha.

Referência Legislativa: LEG: FED LEI: 008078 ANO: 1990 CDC-90 CÓDIGO DE DEFESA DO CONSUMIDOR ART: 00003 LEG: FED SÚM: SÚM(STF) SUMULA DO SUPREMO TRIBUNAL FEDERAL SUM: 000121 SUM: 000596 LEG: FED LEI: 004595 ANO: 1964 LEG: FED DEC: 022626 ANO: 1933 LU-33 LEI DE USURA ART: 00001 ART: 00004 LEG: FED SÚM: SÚM (STJ) SÚMULA DO SUPERIOR TRIBUNAL DE JUSTIÇA SÚM: 000005 SUM: 000007.

Veja: (Aplicabilidade – Lei de Usura – Entidade não integrante SFH) STJ – RESP 330845-RS (*RSTJ* 180/432), RESP 119705-RS (*RSTJ* 109/161, *RDR* 12/240, *LEXSTJ* 111/134), HC 7463-PR (*LEXSTJ* 119/285, *RSTJ* 115/430, *RJADCOAS* 5/60).

17. STJ – REsp 330845 / RS – Recurso Especial 2001/0079550-1 – Relator(a) Min. Barros Monteiro (1089) – Órgão Julgador T4 – Quarta Turma: Julgamento: 17.6.2003 – Publicação/Fonte: *DJ* **15.9.2003, p. 322 –** *RSTJ* **180/432.**

Ementa: CONTRATO DE FINANCIAMENTO – EMPRESA DE *FACTORING* – LIMITAÇÃO DA TAXA DE JUROS – INCIDÊNCIA DA LEI DE USURA. – Tratando-se de empresa que opera no ramo de *FACTORING*, não integrante do Sistema Financeiro Nacional, a taxa de juros deve obedecer à limitação prevista no art. 1º do Decreto nº 22.626, de 7.4.1933. Recurso especial não conhecido.

Acórdão: Vistos e relatados estes autos em que são partes as acima indicadas: Decide a Quarta Turma do Superior Tribunal de Justiça, prosseguindo no julgamento, por unanimidade, não conhecer do recurso, nos termos do voto do Sr. Min. Relator, na forma do relatório e notas taquigráficas precedentes que integram o presente julgado. Votaram com o Relator os Srs. Ministros Ruy Rosado de Aguiar, Fernando Gonçalves, Aldir Passarinho Junior e Sálvio de Figueiredo Teixeira.

Resumo Estruturado: Impossibilidade, empresa, *FACTORING*, cobrança, taxa de juros, juros remuneratórios, superioridade, limite legal, 12%, ano, não caracterização, instituição financeira, integração, sistema financeiro nacional, inaplicabilidade, Súmula, STF, lei federal, 1964, aplicação, Lei de Usura.

Referência Legislativa: LEG: FED DEC: 022626 ANO: 1933 LU-33 LEI DE USURA ART: 00001 LEG: FED LEI: 004595 ANO: 1964 LEG: FED LEI: 008981 ANO: 1995 ART: 00028 PAR: 00001 LET: C ITEM: 00004; LEG: FED SÚM STF: SÚM 000596

Veja: STJ – RESP 119705-RS (*RSTJ* 109/161, *RDR* 12/240, *LEXSTJ* 111/134), HC 7463-PR (*LEXSTJ* 119/285, *RSTJ* 115/430, *RJADCOAS* 5/60). Sucessivos RESP 507750 RS 2003/0010922-9 – Decisão: 21.10.2003, *DJ* de 19.12.2003, p. 483 – Íntegra do Acórdão.

18. **STJ – REsp 453171 / RS – Recurso Especial 2002/0095042-0 – Relator(a) Min. Aldir Passarinho Júnior (1110) – Órgão Julgador T4 – Quarta Turma – Julgamento: 15.10.2002 – Publicação/Fonte: DJ 17.2.2003, p. 296.**

Ementa: COMERCIAL – CONTRATO DE *FACTORING* – JUROS – LIMITAÇÃO (12% aa) – LEI DE USURA (DECRETO nº 22.626/1933) – NÃO INCIDÊNCIA – APLICAÇÃO DA LEI Nº 4.595/1964 – DISCIPLINAMENTO LEGISLATIVO POSTERIOR – SÚMULA Nº 596-STF – CORREÇÃO MONETÁRIA – TR – PREVISÃO CONTRATUAL – APLICAÇÃO – COMISSÃO DE PERMANÊNCIA – SÚMULA Nº 30/STJ. I. Não se aplica a limitação de juros de 12% ao ano prevista na Lei de Usura aos contratos de *FACTORING*. II. Ausência de vedação legal para utilização da TR como indexador do contrato, desde que livremente pactuada. III. "A comissão de permanência e a correção monetária são inacumuláveis" (Súmula nº 30 – STJ). IV. Recurso especial conhecido e parcialmente provido.

Acórdão: Vistos e relatados estes autos, em que são partes as acima indicadas, decide a Quarta Turma do Superior Tribunal de Justiça, à unanimidade, conhecer do recurso e dar-lhe parcial provimento, na forma do relatório e notas taquigráficas constantes dos autos, que ficam fazendo parte integrante do presente julgado. Participaram do julgamento os Srs. Ministros Cesar Asfor Rocha e Ruy Rosado de Aguiar. Ausentes, ocasionalmente, os Srs. Ministros Sálvio de Figueiredo Teixeira e Barros Monteiro.

Resumo Estruturado: Possibilidade, instituição financeira, cobrança, juros remuneratórios, contrato, *FACTORING*, superioridade, limite legal, 12%, ano, decorrência, lei federal, 1964, atribuição, CMN, fixação, taxa de juros, operação financeira, inaplicabilidade, lei de usura. Possibilidade, utilização, TR, correção monetária, contrato, *FACTORING*, decorrência, previsão expressa, contrato. Impossibilidade, acumulação, comissão de permanência, correção monetária, aplicação, súmula, STJ.

Referência Legislativa: LEG: FED LEI: 004595 ANO: 1964 ART: 00004 INC: 00009 LEG: FED DEC: 022626 ANO: 1933 LU-33 LEI DE USURA LEG: FED LEI: 008177 ANO: 1991 ART: 00011 LEG: FED SÚM: SÚM (STJ) SÚMULA DO SUPERIOR TRIBUNAL DE JUSTIÇA SÚM: 000030 LEG: FED SÚM: 000596 (STF).

Veja: (Limitação de juros) STJ – RESP 176322-RS, RESP 189426-RS, RESP 164935-RS (TR) STJ – RESP 163766-GO, RESP 196425-RS, RESP 87615-RS (*RSTJ* 92/223).

19. STJ – REsp 119705 / RS – Recurso Especial 1997/0010587-3 – Relator(a) Min. Waldemar Zveiter (1085) – Órgão Julgador T3 – Terceira Turma – Julgamento: 7.4.1998 – Publicação/Fonte: *DJ* 29.6.1998, p. 161 – *LEXSTJ* 111/134 – *RDR* 12/240 – *RSTJ* 109/161.

Ementa: COMERCIAL – *FACTORING* – ATIVIDADE NÃO ABRANGIDA PELO SISTEMA FINANCEIRO NACIONAL – INAPLICABILIDADE DOS JUROS PERMITIDOS AS INSTITUIÇÕES FINANCEIRAS. I – O *FACTORING* distancia-se de instituição financeira justamente porque seus negócios não se abrigam no direito de regresso e nem na garantia representada pelo aval ou endosso. Daí que nesse tipo de contrato não se aplicam os juros permitidos as instituições financeiras, e que as empresas que operam com o *FACTORING* não se incluem no âmbito do sistema financeiro nacional. II – O empréstimo e o desconto de títulos, a teor de art. 17, da Lei nº 4.595/1964, são operações típicas, privativas das instituições financeiras, dependendo sua prática de autorização governamental. III – Recurso não conhecido.

Acórdão: Por unanimidade, não conhecer do recurso especial.

Resumo Estruturado: Impossibilidade, empresa, *FACTORING*, cobrança, juros, superioridade, limite legal, 12%, instituição financeira, não caracterização, operação de crédito, sistema financeiro nacional, inexistência, direito de regresso, garantia, aval, endosso.

Referência Legislativa: LEG: FED LEI: 004595 ANO: 1964 ART: 00004 INC: 00011 ART: 00017 LEG: FED CIR: 000703 ANO: 1982 (BANCO CENTRAL DO BRASIL – BACEN) LEG: FED LEI: 008981 ANO: 1995 ART: 00028 PAR: 00001 LET: C INC: 00004 LEG: FED LEI: 003071 ANO: 1916 CC-16 CÓDIGO CIVIL ART: 01062 ART: 01262 LEG: FED DEC: 022626 ANO: 1933

Doutrina: "O *FACTORING* e a legislação bancaria brasileira", Wilson do Egito Coelho, *Revista de Direito Mercantil* nº 54, abril-junho/1984. • *Faturização no Direito Brasileiro*, Newton De Lucca, Revista dos Tribunais, p. 19.

5.7. NECESSIDADE DE NOTIFICAÇÃO AO DEVEDOR

20. STJ – RMS 3974 / RN – Recurso Ordinário em Mandado de Segurança 1993/0035165-6 – Relator(a) Min. Antônio de Pádua Ribeiro (280) – Órgão Julgador T3 – Terceira Turma – Julgamento 3.5.2005 – Publicação/Fonte: *DJ* 13.6.2005, p. 285.

Ementa: PROCESSUAL CIVIL – MANDADO DE SEGURANÇA – PETIÇÃO INICIAL – INÉPCIA – *FACTORING* – TRANSFERÊNCIA DE CRÉDITO – FALTA DE NOTIFICAÇÃO À DEVEDORA – INEXISTÊNCIA DE DIREITO LÍQUIDO E CERTO. I – Não é nulo o acórdão, que, apesar de sucinto, reconheceu subsistir a falha argüida em preliminar de falta de causa de pedir, nos termos do art. 295, parágrafo único, I, do CPC. II – Inexiste direito líquido e certo a ser amparado pelo *mandamus*. Com efeito a liminar de sustação de protesto foi condicionada à prestação de caução, no valor dos títulos; além disso foi juntado aos autos recibo de pagamento dos títulos e o protesto efetivou-se por instituição financeira diversa do impetrante, ora recorrente. Ademais, não ficou comprovado que a devedora foi notificada de que os créditos foram transferidos para a faturizadora. III – Recurso ordinário que se nega provimento.

Acórdão: Vistos, relatados e discutidos os autos em que são partes as acima indicadas, acordam os Ministros da Terceira Turma do Superior Tribunal de Justiça, por unanimidade, negar provimento ao recurso ordinário. Os Srs. Ministros Nancy Andrighi e Castro Filho votaram com o Sr. Min. Relator. Ausentes, justificadamente, os Srs. Ministros Humberto Gomes de Barros e Carlos Alberto Menezes Direito.

Referência Legislativa: LEG: FED LEI: 003071 ANO: 1916 CC-16 CÓDIGO CIVIL DE 1916 ART: 01069 LEG: FED LEI: 010406 ANO: 2002 CC-02 CÓDIGO CIVIL DE 2002 ART: 00290.

Doutrina: Contratos Mercantis, Waldirio Bulgarelli, 13ª ed., p. 545. • *Contratos e Obrigações Comerciais*, Fran Martins 7ª ed., p. 563. • *FACTORING*, Arnaldo Rizzardo, 3ª ed., p. 116.

21. TJ Minas Gerais – Número do Processo: 1.0024.00.148973-1/001(1) Relator: Alberto Vilas Boas – Acórdão: 23.5.2006 – Publicação: 7.7.2006.

Ementa: AÇÃO ANULATÓRIA – TÍTULO DE CRÉDITO – *FACTORING* – NOTIFICAÇÃO AO DEVEDOR NÃO EFETIVADA – EXAME DO NEGÓGIO SUBJACENTE – POSSIBILIDADE – NÃO ENTREGA DE MERCADORIA – PROCEDÊNCIA DO PEDIDO. – Em demanda que objetiva reconhecer a inexigibilidade de título de crédito quando ocorrida a operação de *FACTORING* cabe a análise da relação subjacente à emissão da cártula, sendo certo que a liquidez e exigibilidade do título podem ser afastadas por exceções opostas pelo comprador e que venham a descaracterizar o negócio jurídico entabulado com o faturizado. – Para que o faturizador possa exigir o crédito – inclusive adotando diligências que venham a gerar restrição creditícia ao devedor – é necessária a notificação deste. – Apelo provido.

Apelação Cível nº 1.0024.00.148973-1/001 – Comarca de Belo Horizonte – Apelante(s): Suely Aparecida Parreiras – Apelado(a)(s): Fonseca *FACTORING* Fomento Com. Ltda – Relator: Exmo. Sr. Des. Alberto Vilas Boas.

Acórdão: Vistos etc., acorda, em Turma, a 10ª CÂMARA CÍVEL do Tribunal de Justiça do Estado de Minas Gerais, incorporando neste o relatório de fls., na conformidade da ata dos julgamentos e das notas taquigráficas, à unanimidade de votos, EM DAR PROVIMENTO.

Belo Horizonte, 23 de maio de 2006.

Des. Alberto Vilas Boas – Relator

Notas Taquigráficas:

O Sr. Des. Alberto Vilas Boas:

Voto

Conheço do recurso.

A autora, ora apelante, aforou uma ação cautelar de sustação de protesto (em apenso) e uma ação anulatória de título de crédito em face das empresas Alpha & Omega Import Export Ltda e Fonseca *FACTORING* Fomento Com. Ltda., por entender não ser devida a cártula, porquanto a primeira ré não entregou a mercadoria adquirida.

Citadas, a primeira ré apresentou contestação por negativa geral, por ter-lhe sido designado um curador especial (f. 49-50), e a segunda, ora apelada, alegou, em apertada síntese: a perfeição formal do título; a circulação por endosso; a autonomia das declarações cambiais; inoponibilidade de exceções pessoais; eficácia do título contra terceiros; e direito do credor ao protesto cambial.

A sentença julgou parcialmente procedente o pedido, havendo a autoridade judiciária reconhecido a inexistência do débito em face da primeira ré, por não haver esta cumprido a sua parte no contrato e por ser a segunda ré portadora de título válido, condenado a apelante a satisfazer o crédito em relação esta.

A pretensão recursal merece prosperar.

É cediço que o contrato de *FACTORING* não se encontra regido por legislação específica, razão pela qual são aplicáveis as regras próprias à cessão de crédito e, assim, não se pode dispensar, para a obtenção de eficácia relativamente ao devedor, a notificação deste (art. 1.069, CC/16).

Note-se que o devedor tem a obrigação de "pagar ao cessionário, se notificado da transferência do crédito para o faturizador", ao lado de ter o direito "de opor ao cessionário ou cedente as exceções que lhe competirem, no momento em que tiver conhecimento da cessão" (Maria Helena Diniz. *Curso de Direito Civil Brasileiro*, 3º vol., 11ª ed., São Paulo: Saraiva, 1996, p. 544).

Na mesma linha de raciocínio, doutrina Fran Martins que: "se bem que não seja parte no contrato, o comprador é necessário para a existência desse, pois são os créditos resultantes de vendas a ele feitas que se transferirão ao faturizador. Suas obrigações e seus direitos decorrem, assim, do contrato de compra e venda que o mesmo fez com o vendedor. (...) Tendo sido o crédito transferido para o faturizador, deve o devedor ser notificado dessa transferência, o que pode ser feito por qualquer documento escrito, seja público ou particular. (...) Tem o comprador o direito de opor ao cessionário ou ao cedente as exceções que lhe competirem no momento em que tiver conhecimento da cessão" (*Contratos e Obrigações Comerciais,* 15ª ed., Rio de Janeiro: Forense, 2001, p. 482).

Assim, para que o faturizador possa exigir o crédito – inclusive adotando diligências que venham a gerar restrição creditícia ao devedor – é necessária a notificação deste último, sob pena se revestir do caráter de ilegalidade e abusividade a medida intentada.

É que a natureza do *FACTORING* é contratual – e não cambial – e, desta forma: "por se utilizar dos títulos de crédito nos negócios ou transações que lhe são inerentes, não se deduz que a validade do contrato escuda-se nos mesmos princípios que dirigem a emissão e a validade dos títulos de crédito, em geral cambiais e sustentados na abstratividade, literalidade e dispensa de investigação da *causa debendi.* Cabem a análise e a pesquisa da relação subjacente, que determinou a emissão das cártulas (...)", de modo que "não merece aceitação irrestrita, a propósito, o vetusto e já surrado axioma segundo o qual basta a exibição de cártula para atestar a liquidez, certeza e exigibilidade do crédito, ficando o portador do título de crédito isento de demonstrar a origem da dívida" (Arnaldo Rizzardo. *FACTORING.* 2ª ed., São Paulo: Revista dos Tribunais, 2000, p. 127/128, grifei).

Por conseguinte, cabe a análise da relação subjacente à emissão da cártula, sendo certo que a liquidez e exigibilidade do título podem ser afastadas por exceções opostas pelo comprador e que venham a descaracterizar o negócio jurídico entabulado com o faturizado.

No caso em comento, é forçoso concluir pela existência da irregularidade na entrega da mercadoria.

A uma, porque na contestação apresentada pela apelada, esta não impugnou o fato alegado pela apelante na sua inicial de que a mercadoria não lhe teria sido entregue.

A duas, malgrado a existência de contestação por negativa geral da vendedora e conquanto a legislação processual atenue os efeitos da revelia em relação à questão fática quando o réu é defendido por curador especial, a causa possui pormenor que não autoriza adotar, de forma absoluta, este entendimento, sob pena de se prestigiar a conduta do comerciante negligente ou que desenvolve conduta dolosa em face de terceiros.

A pretensão da autora, inegavelmente, é a de declarar a inexigibilidade da cambial para os fins que normalmente possui em razão de não ter recebido a mercadoria que deu causa à sua emissão.

Sendo assim, é razoável admitir que o ônus de provar a regularidade da relação jurídica que proporcionou a emissão dos títulos de crédito é da ré, e não da autora, sob pena de se exigir desta última a prova de fato negativo de realização impossível.

Sim, porque, se a apelante nega ter recebido o bem adquirido junto à primeira ré, não se pode deixar de reconhecer que, para ela, é absolutamente impossível fazer prova da não entrega do produto, especialmente quando a prova dos autos demonstra que a requerida não tem condições de ser localizada.

A admitir-se a tese de que caberia à autora o ônus da prova do fato alegado na inicial – a não-entrega de mercadoria -, seria juridicamente impossível para a apelante a obtenção de provimento jurisdicional que desfizesse a exigibilidade do título e do protesto, sendo certo que a única e útil solução seria pagar o valor da cambial.

Ora, adotar este raciocínio não é tolerável, sob pena de se prestigiar a empresa que, aparentemente, vale-se da fraude para obter vantagem econômica ilícita em face de terceiros. A firma seria aberta, funcionaria durante determinado período e, antes de encerrar as atividades, cederia os títulos de crédito a empresas de faturização, relativos a mercadorias que não foram entregues aos consumidores, que as submeteria a protesto.

Assim, entendo que a espécie em julgamento não autoriza dar como controvertido o fato invocado pela autora, sob pena de exigir-lhe a produção de prova impossível, uma vez que a sua afirmação de que não recebeu o bem da primeira ré deve prevalecer até que exista prova em sentido oposto.

A três, havendo a autoridade judiciária reconhecido na sentença que a primeira requerida não cumpriu a sua parte na relação negocial mantida com a apelante, por não ter entregue a mercadoria adquirida, tal fato se tornou incontroverso por não ter a apelada se irresignado contra esta parte da sentença.

Ademais, seria incabível entender-se de forma contrária, isto é, que o bem foi recebido pela apelante, porquanto em relação à primeira ré, a quem cumpria a entrega, não houve a interposição de recurso contra esta parte da sentença.

Destarte, inexistindo comprovação da entrega da mercadoria adquirida pela apelante, forçoso acolher a pretensão da autora inclusive em relação à empresa faturizadora, pois, conforme anteriormente exposto, a exigibilidade do título por ser afastada por exceções opostas pelo comprador que tenham o condão de descaracterizar o negócio jurídico entabulado com o faturizado.

Com estas considerações, dou provimento ao apelo para julgar totalmente procedentes os pedidos formulados na inicial, a fim de declarar a inexigibilidade do cheque e ordenar que seja providenciado o cancelamento do respectivo protesto.

As custas processuais serão divididas entre as rés.

Fixo, ainda, a verba honorária devida ao patrono da parte autora em relação a ambos os processos, em R$ 2.500,00, corrigida a partir do julgamento deste apelo.

O Sr. Des. Roberto Borges de Oliveira:

Voto

Em análise da questão ora examinada, estou de acordo com a decisão do ilustre Desembargador Relator, acrescentando, tão-somente, o que se segue.

Com efeito, cumpre destacar que a Apelada, reiteradamente, reclama a observância dos requisitos formais relacionados ao título de crédito em questão. Entretanto, constata-se, ao compulsar o conjunto probatório, que, em momento algum, teve, a Apelada, a prudência necessária de observar as formalidades inerentes à realização, de forma segura, de uma operação de *FACTORING*.

Isto porque sequer diligenciou-se no sentido de obter junto ao cedente, faturizado, o comprovante de entrega de mercadoria ou documento similar, de forma a demonstrar a licitude do título de crédito cedido. Ademais, tão-pouco preocupou-se em trazer aos autos o contrato da *FACTORING* com a empresa Alpha & Omega Ltda., de forma a demonstrar a regularidade da negociação realizada.

Por oportuno, peço vênia, para transcrever a decisão do colendo Superior Tribunal de Justiça, já citada pela Apelante em suas razões de recurso:

"COMERCIAL E PROCESSUAL CIVIL – CHEQUE – INVESTIGAÇÃO DA *CAUSA DEBENDI* – CIRCUNSTÂNCIAS ESPECIAIS, QUE O PERMITEM. LEI Nº 7.357/1985 – EXEGESE – HONORÁRIOS – FIXAÇÃO EQÜITATIVA – CPC, ART. 20, § 4º. I – A autonomia do cheque não é absoluta, permitida, em certas circunstâncias especiais, como a prática de ilícito pelo vendedor de mercadoria não entregue, após fraude notória na praça, a investigação da causa subjacente e o esvaziamento do título pré-datado em poder de empresa de *FACTORING*, que o recebeu por endosso. II –

Honorários advocatícios já fixados em valor módico, não cabendo ainda maior redução. III – Recurso especial não conhecido." (REsp. 434433/MG – STJ – Quarta Turma – Min. Relator Aldir Passarinho Júnior – j. 25.3.2003, v.u., DJ 23.6.2003, p. 378).

Com essas considerações, acompanho o voto do i. Relator.

O Sr. Des. Alberto Aluízio Pacheco de Andrade:

Voto: De acordo.

Súmula: Deram Provimento.

Tribunal de Justiça do Estado de Minas Gerais – Apelação Cível nº 1.0024.00.148973-1/001.

5.8. DUPLICATA DE PRESTAÇÃO DE SERVIÇOS

22. STTJ – REsp 469051 / RS – Recurso Especial 2002/0123959-4 – Relator(a) Min. Ruy Rosado de Aguiar (1102) – Órgão Julgador T4 – Quarta Turma – Julgamento: 20.3.2003 – Publicação/Fonte: DJ 12.5.2003, p. 308 – LEXSTJ 167/85 – RSTJ 184/376.

Ementa: AÇÃO MONITÓRIA – DUPLICATA DE PRESTAÇÃO DE SERVIÇOS – ACEITE (FALTA) – PROTESTO – PROVA DA DÍVIDA – FACTORING. – O protesto não impugnado de duplicata sem aceite permite a propositura do procedimento monitório, mas tal fato só por si não é suficiente para a procedência da ação. – Negada a relação causal pela demandada, sem a prova da efetiva prestação dos serviços, impunha-se reconhecer a irregularidade na emissão da duplicata e a improcedência da ação. – Se não fosse assim, toda falsa duplicata levada a protesto sem impugnação seria suporte suficiente para a procedência da ação monitória. No entanto, o devedor que se omite diante do protesto pode defender-se na ação de cobrança, e esta somente pode ser acolhida se demonstrada adequadamente a existência da dívida. – A devedora pode alegar contra a empresa de *FACTORING* a defesa que tenha contra a emitente do título. Recurso conhecido e provido.

Acórdão: Vistos, relatados e discutidos estes autos, acordam os Ministros da Quarta Turma do Superior Tribunal de Justiça, na conformidade dos votos e das notas taquigráficas a seguir, por unanimidade, conhecer do recurso e dar-lhe provimento, nos termos do voto do Sr. Min. Relator. Os Srs. Ministros Aldir Passarinho Júnior e Barros Monteiro votaram com o Sr. Min. Relator. Ausente, ocasionalmente, o Sr. Min. Sálvio de Figueiredo Teixeira. Ausente, justificadamente, o Sr. Min. Fernando Gonçalves.

Resumo Estruturado: Improcedência, ação monitoria, hipótese, falta, impugnação, protesto de título, duplicata sem aceite, decorrência, necessidade, credor, apresentação, documento, comprovação, prestação de serviço, caracterização, violação, lei, irrelevância, cessão, cártula, empresa, *FACTORING*, possibilidade, devedor, realização, defesa, caráter pessoal.

23. **REsp 151322 / RS – Recurso Especial 1997/0072797-1 – Relator(a) Min. Ari Pargendler (1104) – Órgão Julgador T3 – Terceira Turma – Julgamento: 5.9.2002 – Publicação/Fonte:** *DJ* 2.12.2002, p. 303 – *RNDJ* 38/112.

Ementa: CIVIL – DANO MORAL – O SÓ INADIMPLEMENTO CONTRATUAL NÃO CARACTERIZA O DANO MORAL – *FACTORING*. A nota promissória emitida em garantia do pagamento do preço de imóvel em construção autoriza o emitente a opor exceções de natureza pessoal (v.g., atraso na entrega da obra) contra o respectivo portador, se é empresa de *FACTORING*.

Acórdão: Vistos, relatados e discutidos os autos em que são partes as acima indicadas, acordam os Ministros, por unanimidade, conhecer do recurso especial da H. Ross Planejamento e Construções Ltda. e lhe dar parcial provimento, e não conhecer do recurso especial da Weiand *FACTORING* Ltda. Os Srs. Ministros Carlos Alberto Menezes Direito, Nancy Andrighi, Castro Filho e Antônio de Pádua Ribeiro votaram com o Sr. Min. Relator.

Veja: (Arras penitenciais. Perdas e danos. Indenização. Exclusão) STJ – RESP 34793-SP (*RSTJ* 110/281) (Nota promissória. Endossatário. Responsabilidade) STJ – RESP 14012-RJ (*RSTJ* 54/115, *RT* 701/171, *LEXSTJ* 53/174).

5.9. INCIDÊNCIA DO CÓDIGO DE DEFESA DO CONSUMIDOR – OUTROS CONTRATOS

24. STJ – REsp 329935 / MG – Recurso Especial 2001/0070904-1 – Relator(a) Min. Carlos Alberto Menezes Direito (1108) – Órgão Julgador T3 – Terceira Turma – Julgamento: 26.8.2002 – Publicação/Fonte: *DJ* 25.11.2002, p. 229 – *RSTJ* 167/396.

Ementa: CÓDIGO DE DEFESA DO CONSUMIDOR: ARTS. 3º, § 2º, E 6º, V – *FACTORING* – CONTRATO DE FINANCIAMENTO ENTRE A EMPRESA FATURIZADORA E A ADQUIRENTE DO BEM – REAJUSTAMENTO PELA VARIAÇÃO CAMBIAL. PRECEDENTE DA CORTE. 1. O contrato de financiamento entre a empresa faturizadora e a adquirente do bem, distinto do contrato de *FACTORING*, está alcançado pelo art. 3º, § 2º, do Código de Defesa do Consumidor. 2. A brusca variação da cotação do dólar, na oportunidade de que cuida o presente feito, configura fato superveniente forte o suficiente para provocar a incidência do art. 6º, V, do Código de Defesa do Consumidor, configurada a onerosidade excessiva. 3. Recurso especial não conhecido.

Acórdão: Vistos, relatados e discutidos os autos em que são partes as acima indicadas, acordam os Ministros da Terceira Turma do Superior Tribunal de Justiça, após o voto-vista do Sr. Min. Ari Pargendler, por unanimidade, não conhecer do recurso especial. Os Srs. Ministros Nancy Andrighi, Castro Filho e Ari Pargendler votaram com o Sr. Min. Relator. Não participou do julgamento o Sr. Min. Antônio de Pádua Ribeiro (art. 162, § 2º, RISTJ).

Resumo Estruturado: Aplicação, Código de Defesa do Consumidor, contrato, financiamento, veículo automotor, empresa, *FACTORING*, existência, duplicidade, relação jurídica, inexistência, serviço, administração, crédito, caracterização, relação de consumo, possibilidade, revisão, cláusula, contrato, financiamento, veículo automotor, verificação, desproporcionalidade, prestação, decorrência, correção, variação, dólar, caracterização, fato superveniente, observância, equilíbrio econômico-financeiro, contrato, necessidade, proteção, consumidor. (Voto vista) (Min. Ari Pargendler) descabimento, revisão, cláusula, contrato, financiamento, hipótese, aumento, valor, prestação, decorrência, variação, câmbio, possibilidade, consumidor, conhecimento, política econômica, necessidade, eqüidade, divisão, prejuízo.

Referência Legislativa: LEG: FED LEI: 008078 ANO: 1990 CDC-90 CÓDIGO DE DEFESA DO CONSUMIDOR ART: 00003 PAR: 00002 ART: 00006 INC: 00005 LEG: FED LEI: 003071 ANO: 1916 CC-16 CÓDIGO CIVIL ART: 00115 ART: 00145.

Veja: (Empresa de *FACTORING* não abrangida pelo sistema financeiro) STJ – RESP 119705-RS (*RSTJ* 109/161, *RDR* 12/240, *LEXSTJ* 111/134) (Alteração – Cláusula contratual) STJ – RESP 268661-RJ (*RSTJ* 149/296, *REVJUR* 287/101, *RDR* 22/275).

5.10. PAGAMENTO DIRETO À SACADORA-ENDOSSANTE

25. REsp 100522 / RS – RECURSO ESPECIAL 1996/0042744-5 – Relator(a) Min. Aldir Passarinho Junior (1110) – Órgão Julgador T4 – Quarta Turma – Julgamento: 7.5.2002 – Publicação/Fonte: *DJ* **19.8.2002, p. 166.**

Ementa: COMERCIAL, CIVIL E PROCESSUAL – TÍTULO DE CRÉDITO – DUPLICATA ACEITA E ENDOSSADA TRANSLATIVAMENTE A EMPRESA DE *FACTORING* EM DESCONTO – AÇÃO DECLARATÓRIA DE INEXISTÊNCIA DE OBRIGAÇÃO DE PAGAR CUMULADA COM PEDIDO LIMINAR INCIDENTAL DE CANCELAMENTO DE PROTESTO – POSSIBILIDADE – CONTRATO QUE ESTABELECIA OBRIGAÇÃO À ENDOSSANTE DE PRÉVIA COMUNICAÇÃO DA CESSÃO À DEVEDORA. NOTIFICAÇÃO INEXISTENTE – RECURSO ESPECIAL – PREQUESTIONAMENTO DEFICIENTE – REEXAME DE PROVA E INTERPRETAÇÃO DE CLÁUSULA – IMPOSSIBILIDADE – SÚMULAS NºS 5 E 7 – STJ – DISSÍDIO JURISPRUDENCIAL NÃO CARACTERIZADO. I. Não é imprópria a cumulação, em ação ordinária declaratória, do pedido de reconhecimento de inexistência da dívida representada por duplicatas endossadas a empresa de *FACTORING*, cujo valor foi pago pela devedora diretamente à sacadora-endossante, com a postulação cautelar incidental de cancelamento de protesto das mesmas cártulas. II. Dissídio jurisprudencial não configurado, eis que baseada a decisão do acórdão estadual, soberano na interpretação do contrato e no exame da prova, de revisão impossível em face das Súmulas nºs 5 e 7 do STJ, no entendimento de que o instrumento representativo da cessão de crédito mediante endosso de duplicatas aceitas previa, expressamente, a obrigação de a emitente das cártulas e endossante notificar a devedora sacada sobre a transferência da titularidade, e que tal não aconteceu, de modo a eximir a devedora de pagar novamente o débito, posto que já adimplido o seu ônus. III. Ausência de prequestionamento das questões federais alusivas ao mérito, atraindo a incidência das Súmulas nºs 282 e 356 do C. STF. IV. Recurso especial não conhecido.

Acórdão: Vistos e relatados estes autos, em que são partes as acima indicadas, decide a Quarta Turma do Superior Tribunal de Justiça, à unanimidade, não conhecer do recurso, na forma do relatório e notas taquigráficas constantes dos autos, que ficam fazendo parte integrante do presente julgado. Participaram do julgamento os Srs. Ministros Cesar Asfor Rocha e Ruy Rosado de Aguiar. Ausentes, ocasionalmente, os Srs. Ministros Sálvio de Figueiredo Teixeira e Barros Monteiro.

Resumo Estruturado: Cabimento, cumulação de ações, ação declaratória, inexistência, obrigação, título de crédito, duplicata, ação cautelar, sustação de protesto, hipótese, rito ordinário, aplicação, poder geral de cautela, juiz. Descabimento, recurso especial, apreciação, possibilidade, oferecimento, exceção, caráter pessoal, pagamento, endossante, duplicata, hipótese, endossatário, empresa, *FACTORING*, falta, comprovação, notificação, sacado, endosso, decorrência, necessidade, reexame, prova.

Referência Legislativa: LEG: FED SÚM: SÚM (STJ) SÚMULA DO SUPERIOR TRIBUNAL DE JUSTIÇA SÚM: 000005 SÚM: 000007.

Veja: STJ – RESP 100511-RS (*RDR* 12/288).

26. STJ – REsp 98962 / RS – Recurso Especial 1996/0039340-0 – Relator(a) Min. Carlos Alberto Menezes Direito (1108) – Órgão Julgador T3 – Terceira Turma – Julgamento: 3.3.1998 – Publicação/Fonte: *DJ* 13.4.1998, p. 116 – *LEXSTJ* 109/131.

Ementa: CUMULAÇÃO DO PROCESSO CAUTELAR COM O DE CONHECIMENTO – *FACTORING* – ENDOSSO – PAGAMENTO DIRETO AO ENDOSSATÁRIO. 1. Esta assentado em diversos precedentes que é inadmissível a cumulação do processo cautelar com o de conhecimento. 2. Regulado o contrato de *FACTORING* por cláusulas próprias, uma das quais admitindo a possibilidade do pagamento do direito, não há falar em violação a qualquer dispositivo de lei federal, inaplicáveis os precedentes sobre outra modalidade de negócio jurídico. 3. Recurso Especial conhecido e provido, em parte.

Acórdão: Por unanimidade, conhecer do recurso especial e dar-lhe parcial provimento.

Resumo Estruturado: Descabimento, cumulação de pedido, processo de conhecimento, medida cautelar, identidade, processo.

Referência Legislativa: LEG: FED LEI: 005869 ANO: 1973 CPC-73 CÓDIGO DE PROCESSO CIVIL ART: 00292 PAR: 00001 INC: 00003 PAR: 00002

5.11. ENUNCIADOS 39 A 42 DO FÓRUM PERMANENTE DOS JUÍZES DAS VARAS CÍVEIS DO INSTITUTO DOS MAGISTRADOS DE PERNAMBUCO

27. **Enunciado 39-FVC-IMP:** "A empresa de *FACTORING* não tem direito de ação contra o faturizado pelo simples inadimplemento dos títulos de crédito que lhe foram cedidos, devendo cobrá-los, em nome próprio, diretamente ao devedor" (maioria).

28. **Enunciado 40-FVC-IMP:** "A responsabilidade do faturizado exsurge somente se houver vício de legalidade, legitimidade ou veracidade dos títulos negociados" (maioria).

29. **Enunciado 41-FVC-IMP:** "Restrita a responsabilidade do faturizado a hipótese de vício de legalidade, legitimidade ou veracidade dos títulos negociados, o *FACTOR* ou faturizador deve perseguir o seu crédito valendo-se de processo de conhecimento" (maioria).

30. **Enunciado 42-FVC-IMP:** "Inexiste causa legítima para a validade de qualquer garantia dada em proteção a contrato de fomento mercantil, porquanto não há crédito da empresa de *FACTORING* em relação à empresa faturizada. (maioria)

Justificativa única (para os enunciados 39 a 41):

A aquisição de crédito pela empresa de *FACTORING* insere-se em um contexto contratual complexo, que abrange tanto a prestação de serviços de gerenciamento financeiro como a cessão onerosa de créditos. No contrato de fomento mercantil a aquisição do crédito é precedida por exame de solvabilidade do devedor. Em outras palavras, o faturizador, ao selecionar os créditos cuja titularidade deseja adquirir do faturizado, assume riscos inerentes à atividade que exerce. Como conseqüência, o faturizador, em relação ao endossatário eventual, dispõe de meios muito mais eficazes para a proteção do seu direito creditício, já que atua profissionalmente. Por isso, não é sustentável a equiparação desta transferência de crédito ao simples endosso cambiário ou mesmo ao contrato de crédito regulado no Código Civil.

Nas operações de *FACTORING*, o faturizado transfere, mediante remuneração previamente ajustada, seu crédito ao faturizador sem garantia contra eventual inadimplemento. A empresa de *FACTORING* assume o risco da solvência ou não do devedor. O que caracteriza a operação de *FACTORING*, distinguindo-a do desconto bancário, é a transferência do crédito sem ter o faturizador ação regressiva contra o faturizado. Neste sentido, ensina Fran Martins ser da essência da faturização que o faturizador assuma os riscos pela não recuperação do crédito que lhe foi cedido. O deságio enfrentado pelo faturizado destina-se, entre outras finalidades, a compensar a assunção dos riscos pela empresa de *FACTORING*. Nesta mesma linha, o Professor Fran Martins volta a ensinar: "O *FACTORING* convencional – pagamento quando as contas são transferidas – é o praticado nos dias atuais e pode ser considerado uma venda à vista em que o vendedor, no caso, o cedente, recebe a respectiva importância ficando daí por diante o recebimento sob a responsabilidade da empresa de *FACTORING*"

Por isso, o faturizador não tem direito de ação contra o faturizado pelo simples inadimplemento dos títulos de crédito que lhe foram cedidos. Deve, na qualidade de cessionário, cobrá-los em nome próprio diretamente aos sacados. Entendimento em sentido contrário implicaria a descaracterização do contrato de *FACTORING*, aproximando-o do desconto bancário, atividade privativa das instituições financeiras. Significativo anotar que às empresas de *FACTORING* é vedada a prática de operação privativa das instituições financeiras ou bancárias.

Em conclusão, segundo a moldura do nosso ordenamento jurídico, o contrato atípico de faturização é *pro soluto*. Dessa forma, à míngua de lei específica, não se pode, valendo-se da regulamentação do contrato de cessão de crédito previsto no Código Civil, precisamente o art. 296 do CC, estipular cláusula onde a empresa-cliente se responsabilize pela solvência do devedor. Assim, não tem eficácia cláusula definindo a cessão sob a modalidade *pro solvendo*. A responsabilidade do faturizado exsurge somente se houver vício de legalidade, legitimidade ou veracidade dos títulos negociados. Para a caracterização dessa excepcionalidade são necessárias ação própria e cognição exauriente.

Neste sentido, obtempera Arnaldo Rizzardo, na sua obra *FACTORING*, Revista dos Tribunais, p. 82, *verbis*:

"Uma vez admitido o direito de regresso, não encontra qualquer justificativa a remuneração ao faturizador. E a remuneração envolve precisamente o *quantum* correspondente ao risco que assume o *FACTOR* pelas vicissitudes do crédito, inserindo-se nele a possibilidade de insolvência do devedor. Assim, o crédito é comprado pelo *FACTOR*, que paga um preço abatido o correspondente ao risco.

Assim, não possui valor no contrato, cláusulas como as seguintes:

— 'O cedente é responsável solidário com o devedor pelo pagamento do principal e acessórios dos títulos cedidos.'

— 'O cedente é responsável perante o cessionário em caso de falência ou concordata do devedor, sacado, na forma do art. 1.075 do Código Civil, respondendo pelo principal, quanto aos juros, correção monetária, honorários de advogado e demais despesas de cobrança.'

Resta, pois, ao *FACTOR*, unicamente buscar o crédito junto ao devedor, habilitando-se na falência ou insolvência, ou concordata. É o que permite o art. 5º do Projeto de Lei nº 230: 'No caso de insolvência, concordata ou falência dos devedores, a cessionária (sociedade de fomento mercantil) habilitar-se-á no processo.'."

Assim, inexiste causa legítima para a validade do aval ou qualquer outra garantia. É que não há crédito da empresa de *FACTORING* em relação à empresa faturizada. Como dito, a empresa de *FACTORING* assume o risco da solvência ou não do devedor.

De se valer mais uma vez da lição de Arnaldo Rizzardo, na obra *FACTORING*, Revista dos Tribunais, 3ª ed., 2004, pág. 130/131:

"Diante da colocação jurídica deste tipo de negócio, não há qualquer natureza financeira, distinguindo-se totalmente da concessão de crédito. (...).

"Nada tem a reclamar o *FACTOR* se não recebe o crédito adquirido, desde que existente quando da sua transferência. Pela formação do *FACTORING*, por sua natureza e história, não podendo se voltar o faturizador contra o vendedor do crédito, se não há vício em sua origem ou formação, garantia nenhuma pode aquele tomar deste. Não é válida a fiança, e muito menos se admite o aval no endosso. Inteiramente sem efeito garantias reais, como a hipoteca ou o penhor.

"Nem é válida a cláusula de garantia dada pelo próprio faturizado (...)

"Compreende-se, daí, a total ilegalidade dos contratos de transferência de títulos com garantias, ante o eventual inadimplemento do comprador, cliente do faturizado.

"Há um aspecto, porém, que admite exceção. Como já ressaltado várias vezes, é reconhecido o direito de regresso se o título ou o crédito apresentar vício ou nulidade em sua causa ou origem. (...)."

5.12. Cheque "pré-datado"

31. "Empresa de *FACTORING*. Cheques com endosso em preto. Juntada de faturas. Exigência descabida. Recurso provido. A ação monitória leva em conta a necessidade de facilitar o acesso do credor ao título executivo e descabe, aqui, discutir sobre o instituto do *FACTORING* e suas implicações jurídicas, até porque qualquer pessoa, física ou jurídica, munida de prova 'escrita sem eficácia de título executivo', que pretender pagamento de soma em dinheiro diz a lei, tem legitimidade para propor a ação monitória. Se atendido o preceito contido no art.1102-A do CPC, o fato de ser empresa de faturização não a distingue das demais entidades e, conseqüentemente, não se lhe exclui o direito de exercitar a norma em tela. ' Estando a ação monitória devidamente instruída, com cheque já destituído de força executiva, não pode o juiz, apenas por dedicar-se a empresa requerente à atividade de *FACTORING*, exigir-lhe a complementação da documentação que acompanha a inicial com comprovantes de operação mercantil sequer realizada, porquanto referido título, por si só, representa crédito em dinheiro tutelável por este novo procedimental especial' (AL nº 96000807-1, de Joinville, rel. Des. Eder Graf, *DJ* de 17.9.1996, p. 54)" (Agravo Instr. 96002219-8, de Joinville).

32. "*FACTORING*. Cheque pré-datado. As operações entre a factorizadora e o facturizado são, no que tange aos títulos emitidos por terceiros, cessões de direito comum e não cambiário. Devendo as ações entre eles serem decidias independentemente do protesto do documento adquirido" (Apel. 196025415, 9ª Câm. Cível, Rel. Antonio G. Tanger Jardim, TARGS, de 29.10.1996).

5.13. Prestação de contas

32. TJSP – 11ª Câmara de Direito Privado – Comarca: São Paulo – F. R. de Pinheiros – 4ª Vara Cível – AP c/ Revisão nº 1.275.901-8-SP – Rel. Des. Gilberto dos Santos – Apelante: CCS Foto Composição e Artes Gráficas Ltda. – Apelada: Dovake Factoring Fomento Mercantil Ltda. – Data do julgamento: 31.5.2007 – v.u. – *Boletim AASP*, **nº 2543, p. 1420.**

Acórdão: Vistos, relatados e discutidos estes autos de Apelação nº 1275901-8, da Comarca de São Paulo, em que é Apelante CCS Foto Composição e Artes Gráficas Ltda., sendo Apelado Dovake Factoring Fomento Mercantil Ltda:

ACORDAM, em 11ª Câmara Direito – Privado do Tribunal de Justiça do Estado de São Paulo, proferir a seguinte decisão: "Negaram provimento ao(s) recurso(s), v.u.", de conformidade com o relatório e voto do Relator, que integram este acórdão.

Participaram do julgamento os(as) Desembargadores(as) Gilberto dos Santos, Moura Ribeiro e Soares Levada. Presidência do Desembargador Antônio Carlos Vieira de Moraes.

São Paulo, 31 de maio de 2007.

Voto nº 9.362

PRESTAÇÃO DE CONTAS – FACTORING – INOCORRÊNCIA DE ADMINISTRAÇÃO DE BENS OU INTERESSES ALHEIOS POR PARTE DO FATURIZADOR. IMPROCEDÊNCIA DA AÇÃO DO FATURIZADO – RECURSO NÃO PROVIDO.

No contrato de Factoring o comerciante cede a outro os créditos, na sua totalidade, ou em parte, de suas vendas a terceiros. Logo, em princípio, não há que se falar em prestação de contas, pois estas só são devidas por quem efetua e recebe pagamentos por conta de outrem, movimentando recursos próprios ou daquele em cujo interesse realizam os pagamentos e recebimentos, o que não é o caso do faturizador.

Trata-se de ação visando a prestação de contas julgada improcedente pela r. sentença de fls. 282/286, cujo relatório fica adotado, com a condenação da autora ao pagamento das custas e honorários de advogado arbitrados em R$ 5.000,00 (cinco mil reais).

Apela a autora (fls. 288/291) com pedido de reforma do julgado, alegando que, além de não fundamentada, a r. sentença desconsiderou que entre as partes houve diversas operações de crédito e débito, tornando-se assim imperiosa a prestação de contas para verificação do efetivo saldo.

Recurso preparado (fls. 292/293), sem contra-razões (fls. 295).

É o relatório.

A r. sentença deu solução adequada ao caso e merece ser mantida, *data venia*.

A despeito de admitido o processamento da ação, no mérito esta não podia mesmo vingar, pois é sabido que a ação de prestação de contas visa ao acertamento, em dado momento, da relação de débito/crédito entre duas pessoas, pressupondo-se, portanto, negócio que gere essa relação, tais como a administração ou gestão de bens ou valores, sociedades, etc.

Diz, a propósito Vicente Greco Filho: "Para o cabimento da ação de prestação de contas é necessária a existência de vínculo, que não precisa ser contratual ou expresso, bastando que o seja de fato, em que haja autorização para recebimento de dinheiro e realização de pagamentos, ou seja, que entre as partes se admita que uma delas faça o controle de entradas e saídas. Esta situação, indispensável à adequação da ação de prestação de contas, pode decorrer de contrato, como, por exemplo, o mandato, a representação mercantil (que podem ser verbais) ou decorrer da lei, como no caso da gestão de negócios" (*Direito Processual Civil Brasileiro,* vol. 3, 13ª ed., São Paulo: Saraiva, 1999, p. 217).

Ou ainda nas palavras de Ovídio A. Batista da Silva: "Todo aquele que, de qualquer modo, administra bens ou interesses alheios está obrigado a prestar contas dessa administração, do mesmo modo que aquele que tenha seus bens ou interesses administrados por outrem tem direito a exigir as contas correspondentes a essa gestão. Isso é um princípio geral de direito, comum tanto ao direito privado quanto ao direito público" (*Comentários ao Código de Processo Civil*, vol. 13, São Paulo, Revista dos Tribunais, 2000, p. 169).

No caso, faltando essa administração de bens alheios, a improcedência da ação era incontornável. Ou conforme as palavras do MM. Juiz *a quo* (fls. 284): "(...) os negócios avençados pelas partes são todos da mesma natureza, qual seja, de *Factoring* ou facturização, que pode ser definido como sendo aquela em que um comerciante cede a outro os créditos, na totalidade ou em parte, em suas vendas a terceiros, recebendo o primeiro do segundo o montante desses créditos, mediante o pagamento de uma remuneração. Mas não há nos autos prova alguma da existência de administração de bens e valores, com a conseqüente obrigação de prestar contas ou o direito de exigi-las".

A propósito, comentando sobre o tema, Arnaldo Rizzardo é taxativo ao destacar:

"Não cabe, porém, a ação de prestação de contas do faturizado contra o faturizador, eis que o negócio é de compra e venda de títulos, como sintoniza a presente ementa: 'Comercial. Ação de prestação de contas. *Factoring*. Inocorrência de administração de bens ou interesses alheios. Incabível é o ajuizamento da ação de prestação de contas. O contrato de *Factoring* repousa na sua substância, numa mobilização de créditos de uma empresa; necessitando de recursos, a empresa negocia os seus créditos, cedendo-os a outra, que se incumbe de cobrá-los, adiantando-lhe o valor desses créditos (convencional *Factoring*), obriga-se a pagá-los mesmo em caso de inadimplemento do devedor da empresa. No contrato de *Factoring* o comerciante cede a outro os créditos, na sua totalidade, ou em parte, de suas vendas a terceiros. Há que se exigir contas somente daquele que efetua e recebe pagamentos por conta de outrem, movimentando recursos próprios ou daquele em cujo interesse realizam os pagamentos e recebimentos. Desprovimento do apelo.' "(*Factoring*, 3ª ed., São Paulo: Revista dos Tribunais, 2004, p. 224).

Inviável também a sorte dos demais pedidos, pois desbordam dos limites da lide, na medida em que esta sabidamente não tem contornos revisionais.

O E. Superior Tribunal de Justiça inclusive já decidiu: "De feições complexas e comportando duas fases distintas, inadmissível é a cumulação da ação de prestação de contas com as ações de nulidade de contratos e declaratória de inexigibilidade de títulos, por ensejar tumulto e desordem na realização de atos processuais" (REsp 190.892-SP, Rel. Min. Barros Monteiro, j. 15.6.2000, *DJ* de 21.8.2000, p. 140- *RSTJ* 145/433).

De mais a mais, a autora sequer apresentou provas hábeis de cobrança de juros ilegais ou capitalizados e nem, muito menos, de que os cheques relacionados teriam sido dados apenas em caução.

Enfim, nas circunstâncias, restará à autora, se o caso, discutir eventuais direitos pelas vias próprias.

Ante o exposto e pelo mais que dos autos consta, tendo a r. sentença dado solução adequada ao caso, fica mantida por seus fundamentos.

Nego provimento ao recurso.

Gilberto dos Santos – Desembargador Relator

6
NA PRÁTICA

A finalidade principal da empresa de *FACTORING* é o fomento mercantil. Fomentar, assessorar, ajudar o pequeno e o médio empresário a solucionar seus problemas do dia-a-dia. Para isso existem várias modalidades de contratos que podem ser firmados, todavia, o mais comum é realmente a compra e venda de títulos.

6.1. VANTAGENS E DESVANTAGENS DA PARCERIA COM UMA *FACTORING*

A empresa recebe à vista suas vendas feitas a prazo, melhorando o fluxo de caixa para movimentar os negócios.

Outra vantagem é a possibilidade do estabelecimento de uma parceria, terceirizando uma série de atribuições administrativas financeiras para empresa de *FACTORING*, liberando o pequeno empresário das atividades mais rotineiras, que normalmente ele não tem grande domínio, concentrando os esforços na gestão empresarial: produção, vendas, novos produtos e melhoria da qualidade.

Teoricamente terá uma assessoria administrativa para auxiliar a resolver os problemas.

A *FACTORING* poderá efetuar a cobrança de títulos ou direitos de créditos.

Se houver a contratação específica, poderá também intermediar a compra de matéria-prima entre a empresa e seu fornecedor.

Pode auxiliar na análise de risco e assessoria na concessão de créditos a clientes.

A principal vantagem de uma operação de *FACTORING* é não gerar endividamento da empresa. Trata-se de uma antecipação de receita: pela venda de recebíveis (duplicatas ou outros títulos de crédito); a empresa recebe à vista sua venda a prazo.

A principal desvantagem é que o custo da operação de *FACTORING* tende a ser maior do que de uma operação de crédito, decorrente do fato de que, na operação de *FACTORING*, o risco do recebimento é transferido das mãos do proprietário do título para empresa de *FACTORING*.

6.2. COMO FUNCIONA

O processo de *FACTORING* inicia-se com a assinatura de um Contrato de Fomento Mercantil (contrato – mãe, contrato principal, contrato guarda-chuva, dentre outras denominações) entre a empresa e a *FACTORING* onde são estabelecidos os critérios da negociação e o fator de compra.

A empresa gera os recebíveis ou títulos de crédito quando efetuam vendas ou prestações de serviços para recebimento a prazo. Os documentos são emitidos contra o comprador para que ele efetue o pagamento na data acordada.

Esse documento pode ser a duplicata assinada com o "aceite" do comprador (duplicata é o título de crédito emitido com base na nota fiscal feita na transação entre a empresa e o comprador).

Vale lembrar: título de crédito é todo o documento, reconhecido por lei, que serve de comprovante para recebimento de um crédito (exemplo: cheque, nota promissória e duplicada).

A *FACTORING* compra a duplicata ciente que de realmente houve a transação comercial e a empresa tem de cumprir a sua parte no negócio, ou seja, entregar a mercadoria ou fazer o serviço, caso contrário a *FACTORING* devolverá o documento e exigirá a restituição do valor pago.

As empresas de *FACTORING* também compram o cheque "pré-datado".

Assim, estando na posse de títulos de crédito, pode a empresa contatar a empresa de *FACTORING* para fazer a venda.

Atente-se para, se ainda não contratou com uma empresa de *FACTORING*, procurar as existentes na cidade, bem como tomar-se a cautela de verificar se essas empresas estão devidamente cadastradas junto à ANFAC (vide Introdução e escorço histórico). Antes de contratar uma empresa de *FACTORING* é muito importante verificar sua idoneidade, não se deve confundir AGIOTAGEM com *FACTORING*.

Se houver mais de uma empresa de *FACTORING* em sua cidade, faça uma pesquisa de taxa de desconto cobrada para compra de títulos.

Identificadas as melhores taxas dirija-se a que melhor lhe convier para as negociações. Lembrar que a operação de *FACTORING* não é um empréstimo e sim uma compra e venda que ocorre mediante contrato de transferência dos direitos de crédito também é fundamental.

De fundamental importância a leitura e o ENTENDIMENTO de todas as cláusulas desse contrato que se irá assinar, bem como estar ciente de que quando se negocia recebíveis, tem-se que estar atento à sua responsabilidade comercial de entrega do produto ou prestação de serviço, objeto do título sacado e negociado. No caso de o comprador (sacado) devolver o produto comprado por desacordo comercial, atraso na entrega, desconformidade da especificação, danos causados na entrega, não entrega, nota fiscal emitida errada ou qualquer motivo que prejudique o cumprimento da operação comercial pactuada, a responsabilidade da liquidação do título junto à *FACTORING* passa a ser do vendedor (sacador), que deverá restituir o valor da operação de venda ou negociar a substituição do título por outro.

Em resumo – **quatro são as etapas básicas do processo:**

1. A empresa vende seu bem, crédito ou serviço a prazo, gerando um crédito (exemplo: Duplicata Mercantil), no valor correspondente (o devedor – sacado – emite duplicata a favor do faturizado pela compra a prazo de mercadorias).

2. A empresa negocia este crédito com a *FACTORING* – com o título em mãos, o faturizado recorre a uma empresa de *FACTORING* – faturizador – a fim de receber aquele título à vista, endossando-lhe o crédito. O faturizador compra o título à vista com um deságio ou desconto do valor nominal. É a comissão ou taxa pelos riscos do não pagamento, embutidos juros e correção monetária.

3. De posse desse crédito, a *FACTORING* informa o sacado sobre o fato e a forma de cobrança (carteira ou banco).

4. Findo o prazo negociado inicialmente, o devedor (sacado) pagará o valor deste crédito à *FACTORING*, encerrando a operação.

6.3. MODALIDADES

No mercado brasileiro o *FACTORING* é mais atuante na modalidade *convencional*. Segue abaixo um resumo das principais modalidades:

Convencional – É a compra dos direitos de créditos das empresas fomentadas, através de um contrato de fomento mercantil;

Maturity – A *FACTORING* acolhe os créditos que lhe são cedidos, mas efetua o pagamento somente no prazo de vencimento de cada título. Entretanto, a partir do pagamento, assume o risco do inadimplemento se houver;

(observe-se que os valores de remuneração entre os dois contratos acima indicados devem ser diferentes, já que no primeiro há a compra antecipada do crédito e na segunda apenas a garantia do recebimento pela empresa contratante, ou seja, o segundo contrato deve ter um custo menor).

Trustee – Além da cobrança e da compra de títulos, a *FACTORING* presta assessoria administrativa e financeira às empresas fomentadas;

Exportação – Nessa modalidade, a exportação é intermediada por duas empresas de *FACTORING* (uma de cada país envolvido), que garantem a operacionalidade e a liquidação do negócio;

Matéria-Prima – A *FACTORING* nesse caso transforma-se em intermediário entre a empresa fomentada e seu fornecedor de matéria-prima. A *FACTORING* compra à vista o direito futuro deste fornecedor e a empresa paga à *FACTORING* com o faturamento gerado pela transformação desta matéria-prima.

6.4. DESVIOS NA UTILIZAÇÃO DO *FACTORING*

A empresa de *FACTORING* é uma prestadora de serviços, sendo seu funcionamento e legalização comparados a qualquer outra empresa de prestação de serviços, com seus atos registrados ou arquivados na Junta Comercial, independentemente de qualquer autorização do Banco Central ou de qualquer outro registro especial. No entanto, existem regras que devem ser observadas.

As empresas de *FACTORING* não podem:

a) captar recursos de terceiros no mercado;

b) emprestar dinheiro;

c) receber depósitos do público.

O objeto de sua constituição é:

a) comprar efetivamente créditos mercantis de curto prazo;

b) só operar com pessoas jurídicas.

"Ocorre que muitas empresas têm a denominação ou a fachada de *FACTORING*, dedicando-se, no entanto, à concessão de crédito, ou de pequenos empréstimos pessoais, numa típica atividade bancária. Embora camuflando o exercício de assessoramento financeiro, ou de compra de ativos, na verdade atua com o crédito, cobrando altos juros, numa verdadeira prática de agiotagem." (Rizzardo, *ob. cit.*, p. 107).

Portanto, o empresário, antes de efetivar negociação deve atentar para os valores cobrados, a forma de atuar da empresa, ler atentamente o contrato.

Muitas vezes a solução para seus problemas pode estar na forma de administrar a empresa, ou na falta de uma boa assessoria contábil. A venda antecipada dos créditos pode, momentaneamente sanar alguns problemas, todavia, há que se observar que o preço cobrado pelo serviço, para que a empresa possa continuar competindo no mercado, não tem grande margem e numa venda antecipada de seus créditos sem os devidos cálculos pode levar a empresa à falência, pois poderá estar recebendo menos do que gastou para produzir ou prestar o serviço.

7
MODELO DE CONTRATO

Tendo em vista que a prestação de serviços outros que não a compra e venda de crédito ocorre de acordo com as necessidades da empresa e também com a disponibilidade da empresa de *FACTORING* – se tem ou não estrutura para realmente controlar as contas da empresa contratada, prestar assessoria administrativa e financeira, pois nesses casos deverá ter em seu quadro de empregados profissionais capacitados para isso, e não apenas pessoas com habilidade para cobrança – apresentamos um modelo apenas do contrato "mãe" e seu aditivo.

Lembramos ao leitor que um contrato nada mais é do que a especificação do que duas ou mais partes celebraram em acordo; portanto, elaborar ou entender os demais tipos de contratos é relativamente simples, bastando apenas relacionar o que as partes devem fazer ou deixar de fazer, o prazo para isso acontecer e quanto isso vai custar.

Apresentamos, no entanto, as especificações do que deve conter nos contratos mais utilizados no Brasil, lembrando que, por se tratar, principalmente, de um contrato de cessão de créditos, deve-se observar os termos do Código Civil, principalmente o art. 288 que torna o contrato ineficaz em relação a terceiros a transmissão de crédito, se não for celebrado por instrumento público ou particular, desde que revestido das solenidades do § 1º do art. 654: *"o instrumento particular deve conter a indicação do lugar onde foi passado, a qualificação do outorgante e do outorgado, a data e o objetivo da outorga com a designação e a extensão dos poderes conferidos".*

Vale lembrar que o instituto do *FACTORING* não está legislado no Brasil, motivo pelo qual deve-se observar as normas gerais prescritas no Código Civil naquilo que não conflitem com o instituto em estudo, motivo pelo qual o instrumento do contrato deve ser muito claro em relação aos direitos e deveres das partes. Assim, é interessante observar:

a) A compra de crédito:

Se o contrato for meramente de compra de crédito, deverá conter cláusula contendo o objeto do contrato, ou seja "compra total ou parcial de títulos de crédito oriundos de vendas mercantis e/ou prestação de serviços".

Importante constar que a compra dos créditos será *pro soluto*, por endosso em preto, respondendo o endossante por todas as obrigações correspondentes ao endosso, exceto no que se refere a liquidação dos títulos pelo devedor-sacado, bem como pelos riscos e prejuízos no caso de os títulos negociados não serem legítimos ou isentos e vícios ou nulidades ou não forem legais, autênticos ou verdadeiros.

A compra *pro soluto* do crédito significa que o faturizado não poderá mais pedir nada do título, bem como o faturizador não poderá exercer ação de regresso no caso de não recebimento. Endosso em preto significa apontar o nome para quem se está passando o título (em branco, significa que o título se torna "ao portador" e qualquer pessoa poderá cobrá-lo e o devedor poderá pagar para quem lhe apresentar o título. No endosso em preto, somente poderá receber quem estiver indicado no título).

Esta espécie pode ser cumulada com prestação de alguns serviços, então o objeto a ser descrito em uma cláusula é o seguinte: "prestação cumulativa e contínua de serviços de assessoria creditícia-mercadológica, de gestão de crédito, de seleção de riscos, assessoria administrativa e jurídica, de acompanhamento de contas a receber e a pagar, de compra total ou parcial de títulos de créditos resultantes de vendas mercantis e/ou prestação de serviços".

Esse contrato também deverá estabelecer:

— sobre a liberdade de o *FACTOR* poder selecionar os títulos que comprará (ou seja, o faturizado poderá apresentar vários e o *FACTOR* pode ou não aceitá-los todos);

— referência de que os títulos serão remetidos ao *FACTOR* num prazo determinado;

— a desobrigação do *FACTOR* se os títulos não forem encaminhados nos prazos fixados;

— que o faturizado deverá remeter os comprovantes da entrega das mercadorias, com o compromisso da devolução dos mesmos quando efetuada a cobrança/recebimento dos créditos por parte do *FACTOR*;

— o valor da remuneração pelos serviços prestados e da comissão do faturizador;

— o prazo de duração do contrato.

b) *Prestação de serviços – Trustee:*

Neste tipo de contrato o objeto é a gestão financeira dos negócios, no acompanhamento das contas a receber e a pagar, na cobrança de títulos de créditos.

Assim, deverá haver cláusula descrevendo a forma da entrega dos títulos a serem cobrados, o prazo para a cobrança, repasse dos valores e comunicação das cobranças frustradas.

A exigência de abertura de conta específica para depósito dos valores recebidos é importante para as duas partes, devendo constar, também, a obrigação do FACTOR de encaminhar cópia dos extratos para o faturizado, no qual se poderá observar a movimentação da conta, inclusive dos pagamentos de contas efetuados pelo FACTOR.

Deverá conter as demais cláusulas como vigência, valor da remuneração, rescisão, deveres e direitos das partes conforme os tipos de serviços a serem prestados.

c) Compra de matéria-prima:

Este tipo de contrato deverá conter quem será o fornecedor com discriminação das mercadorias a serem compradas, quantidade, qualidade e preço.

Cláusulas importantes são:

— autorização, pela faturizada, do faturamento contra si por parte do FACTOR;

— obrigação da faturizada em reconhecer a legitimidade da transação e aposição do "aceite" na duplicata e se comprometer em pagar a dívida quando do vencimento;

— o compromisso do faturizador em efetivar o pagamento diretamente ao fornecedor no caso de inexistência de valores na conta da faturizada;

— o dever da faturizada de informar quando do recebimento da mercadoria e o valor da compra;

— a designação de uma conta bancária para lançamento de toda a movimentação de valores, que serão amortizados através de notas de crédito e de notas de débito, à medida que forem sendo gerados títulos de crédito referentes às vendas efetuadas pela faturizada, os quais poderão ser escolhidos pelo faturizador, de acordo com seu interesse;

— a proibição da faturizada de descontar títulos enquanto perdurar a dívida;

— autorização da faturizada em se proceder uma auditoria nas contas e no estoque das mercadorias adquiridas se o facturizador entender conveniente e necessário;

— a garantia oferecida pela faturizada pelo pagamentos procedidos pelo faturizador;

— o prazo de duração do contrato, bem como o seu início, que deverá sempre corresponder à data do pagamento ao fornecedor, para efeitos de encargos incidentes nos pagamentos feitos pelo faturizador.

7.1. Contrato de compra de créditos e prestação de serviços

De um lado, na qualidade de CONTRATANTE a empresa (...), CNPJ (...), Inscrição Estadual (...) com sede na cidade de (...) Estado de (...) com endereço na (rua, avenida) (...) CEP (...), telefone/fax (...), email (...), neste ato por seu(s) representante(s) legal(is) (cópia do contrato social devidamente registrado fará parte integrante do presente) (colocar toda a qualificação, com endereço e telefone residenciais).

E de outro, na qualidade de CONTRATADA a empresa (...), CNPJ (...), Inscrição Estadual (...) com sede na cidade de (...) Estado de (...) com endereço na (rua, avenida) (...) CEP (...), telefone/fax (...), email (...), neste ato por seu(s) representante(s) legal(is) (cópia do contrato social devidamente registrado fará parte integrante do presente) (colocar toda a qualificação, com endereço e telefone residenciais).

Têm justo e contratado o seguinte:

Cláusula Primeira

O presente contrato tem por objeto o fomento mercantil das atividades da CONTRATANTE pela CONTRATADA, mediante a prestação cumulativa e contínua de serviços de assessoria creditícia, mercadológica, de gestão de crédito, de seleção de riscos, de acompanhamento da carteira de 'contas a receber e a pagar' e outros que venham a ser expressamente pela CONTRATANTE solicitados, conjugada com a compra total ou parcial de títulos de crédito, resultantes de vendas mercantis e/ou de prestação de serviços, a prazo, feitas pela CONTRATANTE.

§ 1º. Em decorrência do presente contrato de fomento mercantil a CONTRATANTE declara conhecer e aceitar a sistemática e as condições relativas aos negócios de *FACTORING*, assim como a transferência da titularidade dos seus créditos para a CONTRATADA (endossatária) que serão formalizadas, em cada operação, com discriminação do valor da compra e de todos os títulos de créditos envolvidos, a forma de pagamento e outras avenças, por meio de instrumentos próprios denominados *aditivos*, passará a ser a legítima proprietária dos mesmos.

§ 2º. Fica pactuada a obrigação de a CONTRATANTE responder e responsabilizar-se perante a CONTRATADA pelos riscos e prejuízos dos títulos negociados, na caso de serem opostas exceções quanto à sua legitimidade, legalidade e veracidade, assumindo, neste ato, o compromisso de outorgar-lhe as garantias necessárias, conforme descritas na cláusula décima terceira adiante.

Cláusula Segunda

A Compra de títulos de crédito *pro soluto* dar-se-á por endosso pleno, em preto, respondendo a CONTRATANTE (endossante) por todas as obrigações inerentes ao endosso.

§ 1º. A CONTRATANTE remeterá à CONTRATADA uma relação dos títulos de crédito a serem comprados, discriminando-os em documentos intitulados *aditivos,* que farão parte integrante do presente contrato para todos os efeitos de direito, enquanto o presente mantiver-se vigente.

§ 2º. À CONTRATADA caberá a seleção, a seu exclusivo e livre critério, e aprovação dos títulos de crédito que serão comprados, devolvendo à CONTRATANTE os que não forem objeto de negociação.

Cláusula Terceira

A CONTRATANTE após recebimento do "de acordo" referente aos títulos de crédito relativos às suas vendas mercantis/serviços que serão negociados, os enviará à CONTRATADA devidamente endossados, conforme cláusula segunda, juntamente com cópia das notas fiscais e, se for o caso, os originais dos comprovantes da entrega das mercadorias ou de serviços.

Parágrafo único. Os originais dos comprovantes da entrega das mercadorias serão devolvidos à CONTRATANTE, após a liquidação dos respectivos valores pelo devedor sacado.

Cláusula Quarta

A CONTRATANTE responsabiliza-se civil e criminalmente pela legalidade, veracidade e legitimidade dos títulos vendidos, obrigando-se a informar, no prazo máximo de 48 horas, à CONTRATADA, qualquer reclamação, modificação ou cancelamento quanto a documentos, mercadorias ou serviços que deram origem aos títulos negociados com a CONTRATADA.

Parágrafo único. A condição *pro soluto* pactuada na cláusula segunda se extinguirá automaticamente, tornando-se *pro solvendo*, assumindo, em conseqüência, a CONTRATANTE integral responsabilidade pelo pagamento dos títulos negociados, e respondendo, portanto, por todas as obrigações jurídicas do endosso, caso sejam opostas exceções quanto à legalidade ou veracidade dos títulos negociados e, em especial:

a) se os créditos representados pelos títulos vendidos forem objeto de outra alienação, ajuste ou oneração, sem o consentimento prévio e expresso da CONTRATADA;

b) se os créditos objeto da negociação com a CONTRATADA forem objeto de acordo entre a CONTRATANTE e o devedor-sacado, que possa ensejar argüição ou compensação e/ou outra forma de redução, extinção ou modificação de qualquer uma das condições que interfiram ou prejudiquem um dos direitos emergentes dos títulos negociados;

c) se o devedor-sacado refutar, devolver ou contestar total ou parcialmente as mercadorias fornecidas, a CONTRATANTE receberá as mercadorias devolvidas como fiel depositária da CONTRATADA, sem ônus e com o compromisso de mantê-las em perfeitas condições de armazenamento e conservação, sujeitando-se, ainda, a todas as penalidades legais e, em especial, às condições previstas no *caput* desta cláusula;

d) se a CONTRATANTE receber em pagamento, no todo ou em parte, valores relativos aos títulos de crédito negociados com a CONTRATADA além das cominações legais relativas ao endosso, fica a CONTRATANTE na condição de fiel depositária dessa importância, obrigada a devolvê-la à CONTRATADA num prazo máximo de 48 horas.

e) se a falta de pagamento por parte do devedor-sacado resultar de:

I – ato de responsabilidade da contratante;

II – qualquer exceção defesa ou justificativa do devedor-sacado baseada em fato de responsabilidade da CONTRATANTE ou contrário aos termos deste contrato;

III – qualquer exceção, defesa ou justificativa do devedor-sacado, baseada na recusa ou aceitação de mercadoria, ou serviço, ou qualquer forma de mora ou inadimplemento da CONTRATANTE junto ao mesmo devedor-sacado; ou

IV – contra-protesto do devedor-sacado e/ou reclamação judicial do mesmo contra a CONTRATANTE.

Cláusula Quinta

Concluída a operação e sobrevindo a constatação de vício ou má-fé na origem do título, fica a CONTRATANTE obrigada a recomprá-lo da CONTRATADA, acrescido de uma multa indenizatória.

Cláusula Sexta

A CONTRATADA dará ciência ao devedor-sacado da compra do título, devendo o respectivo pagamento ser feito somente a ela ou à sua ordem.

Parágrafo único. A CONTRATANTE constitui sua bastante procuradora a CONTRATADA, em caráter irrevogável e irretratável, para, em seu nome, expedir ao sacado a comunicação de que o título de crédito respectivo foi objeto de negociação entre as partes.

Cláusula Sétima

Os serviços prestados à CONTRATANTE importam no pagamento de um valor a ser livremente convencionado entre as partes, que será resultado de aplicação de um percentual sobre o valor total de face (*ad valorem*) do *aditivo* apresentado para análise e aprovação por parte da CONTRATADA, para realização de cada operação.

Cláusula Oitava

A CONTRATADA abrirá uma conta gráfica par lançar toda a movimentação de valores oriundos deste contrato, facultado à mesma o direito à compensação de quaisquer valores que lhe forem devolvidos pela CONTRATANTE, nos termos deste contrato e de seus aditivos, com os créditos recebidos por conta da CONTRATANTE.

Cláusula Nona

Para que se operem os efeitos deste contrato perante terceiros, deverá ser levado a registro público, de acordo com o art. 129, 9º, da Lei nº 6.015/1973 (Lei de Registros Públicos) e a ele poderão ser aditados contratos específicos relativos a operações de fomento mercantil, que se realizarem sob sua égide.

Parágrafo único. A regularização e o registro do presente contrato e seus aditivos serão de responsabilidade da CONTRATANTE, que deverá apresentar documento comprobatório em 48 horas, sob pena de revogação do presente.

Cláusula Décima

O presente contrato é feito por prazo indeterminado, bastando, para revogá-lo, a comunicação por escrito de uma das partes, com antecedência mínima de trinta dias.

§ 1º. O presente contrato tornar-se-á rescindido de pleno direito em caso de falência ou liquidação da CONTRATANTE, ou, ainda, por descumprimento de qualquer uma de suas cláusulas ou condições, respeitado, em qualquer caso, o disposto no parágrafo segundo desta cláusula.

§ 2º. Em caso de rescisão do presente contrato, a CONTRATADA permanece com o direito de receber todos os créditos que lhe houverem sido transferidos. A conta corrente prevista na cláusula oitiva será encerrada na data da rescisão do contrato, apurando-se, então, o respectivo saldo.

Cláusula Décima Primeira

Para garantir o fiel cumprimento deste contrato e seus aditivos, bem como assegurar a legitimidade, legalidade e veracidade dos títulos de crédito negociados, dos quais a CONTRATANTE se confessa a única e exclusiva responsável (vícios redibitórios e evicção), além dos fiadores qualificados neste contrato, que declaram conhecer todas as suas cláusulas e condições, a CONTRATANTE outorga à CONTRATADA as garantias a seguir constituídas de (...)

Cláusula Décima Segunda

A liquidez do presente contrato será apurada pela soma dos valores de todos os aditivos.

Por estarem justos e contratados, elegem o foro da Comarca de (...), com exclusão de qualquer outro, para dirimirem eventuais dúvidas relativas ao presente, assinando-o, na presença de duas testemunhas também identificadas, em 4 (quatro) vias de igual teor.

Local e data

CONTRATANTE

CONTRATADA

Fiadores: (nome, CPF, RG, endereço, telefone/fax, email) e respectivos cônjuges

Testemunhas (nome, CPF, RG, endereço, telefone/fax, email) – no mínimo duas.

7.2. Aditivo

CONTRATANTE: (...)

CONTRATADA: (...)

Data da assinatura do contrato: (...) / (...) / (...)

Nº de registro do contrato: (...) Cartório: (...)

DISCRIMINAÇÃO DOS TÍTULOS APRESENTADOS

TIPO	NÚMERO	VENCIMENTO	VALOR	SACADO
TOTAL				

NEGOCIAÇÃO EFETUADA

VALOR DE FACE DOS TÍTULOS:	R$
TOTAL NEGOCIADO:	R$
DEDUÇÕES	
– diferença na compra dos títulos:	R$
– serviços cobrados	R$
– ISS a recolher s/ NF serviços	R$
– TOTAL DAS DEDUÇÕES:	R$
SALDO DA CONTRATANTE	R$

RECIBO DE ENTREGA/RECEBIMENTO DA DOCUMENTAÇÃO

A CONTRATADA recebe, neste ato, a documentação referente aos títulos relacionados acima (cópias das notas fiscais e comprovantes de entrega da mercadoria, se for o caso), nos termos do contrato do qual o presente aditivo torna-se parte integrante, responsabilizando-se a CONTRATANTE pela origem e legitimidade dos mesmos.

Pelo presente aditivo, acertam a compra e vendo dos direitos creditórios representados pelos títulos acima relacionados e serviços contratados, pela importância de R$ (...) (...).

RECIBO DE PAGAMENTO/RECEBIMENTO DO PACTUADO

A CONTRATANTE, neste mesmo ato, atesta haver recebido a importância de R$ (...) (...), paga por meio de cheque nominal sob nº (...) emitido contra o banco (...).

Local e data

CONTRATANTE

CONTRATADA

Testemunhas (nome, CPF, RG, endereço, telefone/fax email) – no mínimo duas.

8
REFERÊNCIAS BIBLIOGRÁFICAS

8.1. OBRAS CONSULTADAS

BRUEL, Denise Kung. "O contrato de *FACTORING* internacional nos ordenamentos jurídicos brasileiro e português e a uniformização das regras aplicáveis a esta modalidade contratual", *in Revista brasileira de Direito Internacional*, vol. 2, nº 2, jul/dez 2005.

BULGARELLI, Waldírio. *Contratos Mercantis.* 13ª ed., São Paulo: Atlas, 2000.

GONÇALVES, Carlos Roberto. *Direito Civil Brasileiro – Vol. III – Contratos e Atos Unilaterais.* São Paulo: Saraiva, 2004.

MARTINS, Fran. *Contratos e Obrigações Comerciais.* 14ª ed., Rio de Janeiro: Forense, 1997.

RIZZARDO, Arnaldo. *FACTORING.* São Paulo: Revista dos Tribunais, 1997.

VENOSA, Sílvio de Salvo. *Direito Civil – Contratos em Espécie e Responsabilidade Civil.* São Paulo: Atlas, 2001.

8.2. SITES DA WEB CONSULTADOS

www.allianzconsultoria.com.br/*FACTORING*.htm

www.anfac.com.br (Home-Page da Associação das Empresas de Fomento Mercantil – Anfac)

www.bancorp.com.br

www2.camara.gov.br

www.direitonet.com.br

www.empresario.com.br

www.*FACTORING*brasil.com.br

www.geranegocio.com.br

www.jus.com.br (Home-Page JusNavigandi)

www.newfac.com.br

www.planalto.gov.br

www.ps*FACTORING*.com.br

www.sebrae.com.br

www.senado.gov.br

www.sinfacrj.com.br (Home-Page do Sindicato das Sociedades de Fomento Mercantil – *FACTORING* do Estado do Rio de Janeiro – SinfacRJ)

www.stj.gov.br

www.stf.gov.br

www.tjmg.gov.br

www2.tj.ro.gov.br

www.uj.com.br

9
APÊNDICE

PROJETO DE LEI Nº 3.615, DE 2000
(Dep. João Hermann Neto)

(Publicada no Diário da Câmara dos Deputados
no dia 6 de outubro de 2000, páginas 49896/49898)

Dispõe sobre o fomento mercantil especial de exportações ou FACTORING de exportação e dá outras providências.

[Às comissões de Economia, Indústria e Comércio; de Finanças e Tributação. E de Constituição e Justiça e de Redação (art. 54) – art. 24, II]

O Congresso Nacional decreta:

Art. 1º. Entende-se por fomento mercantil especial de exportações ou *FACTORING* de exportação, para os efeitos desta Lei, a assessoria creditícia, mercadológica, de gestão de crédito, de seleção de riscos, de acompanhamento ou de cobrança de contas a receber e a pagar ou de outros serviços afins, prestados a empresas ou consórcios de empresas exportadoras conjugadas com a aquisição *pro soluto* de créditos dessas empresas resultantes de suas vendas de bens ou serviços ao exterior.

§ 1º. As operações de *FACTORING* de exportação realizadas com cambiais (recebíveis) emitidas por empresas importadoras no exterior deverão conter endosso em preto e reger-se por contrato específico, contendo no mínimo cláusulas especiais que serão estabelecidas pelo Banco Central do Brasil num prazo de até 60 (sessenta) dias, a contar da data de publicação desta Lei.

§ 2º. Homologada a cessão do crédito, ela será imediatamente comunicada pela empresa brasileira de fomento mercantil especial de exportações ao Banco Central do Brasil e à empresa de *FACTORING* do exterior, como mencionado no inciso III do art. 2º.

§ 3º. Os bancos autorizados pelo Banco Central do Brasil a operar com câmbio deverão aceitar e negociar as cambiais emitidas a crédito das empresas ou consórcios de empresas exportadoras e endossadas em favor das empresas de fomento especial de exportações, segundo os dispositivos desta Lei.

Art. 2º. São partes no contrato de fomento mercantil especial de exportações:

I – como cedente-endossante-sacadora, empresas ou consórcio de empresas brasileiras exportadoras cujo faturamento anual, individual ou coletivo, seja inferior a R$ 1.200.000,00 (hum milhão e duzentos mil reais);

II – como cessionária-endossatária, uma sociedade de fomento mercantil de exportações devidamente credenciada pelo Ministério do Desenvolvimento, Indústria e Comércio, nos termos desta Lei;

III – como parte-interveniente, uma empresa de fomento mercantil ou *FACTORING* no exterior, que garanta os pagamentos internacionais à empresa de *FACTORING* de exportação credenciada conforme a alínea anterior.

Art. 3º. É vedado às sociedades de fomento mercantil de exportações:

I – captar recursos junto ao público, inclusive através da emissão ou negociação de debêntures ou outros títulos privados;

II – executar operações próprias de instituições financeiras, de acordo com a Lei nº 4.595, de 31 de dezembro de 1964, e a Lei nº 7.492, de 10 de junho de 1986;

III – adquirir ou negociar créditos de entidades integrantes da administração pública direta, indireta e fundacional de qualquer dos Poderes da União, dos Estados, do Distrito Federal e dos Municípios;

IV – adquirir ou negociar créditos de exportação com prazos superiores a 180 (cento e oitenta) dias, a contar da data do endosso;

V – realizar com cada empresa ou consórcio de empresas cedentes-endossantes-sacadoras operações individuais de aquisição de créditos que superem R$ 240.000,00 (duzentos e quarenta mil reais) ou operações anuais que, somadas, sejam superiores a R$ 1.200.000,00 (hum milhão e duzentos mil reais);

VI – realizar a cada ano operações de aquisição de créditos que somadas superem o valor de seu patrimônio líquido apurado no balanço contábil legal do ano anterior, ou, no caso de empresa nova, o valor de seu capital integralizado, mais os recursos captados de órgãos oficiais especificamente voltados para as exportações.

Art. 4º. Além do diferencial advindo da aquisição *pro soluto* de créditos, as receitas operacionais das sociedades de fomento mercantil de exportações poderão também incluir:

I – comissões sobre os serviços prestados, como indicado no art. 1º supra;

II – outras, que não conflitem com o disposto no inciso VI do art. 3º desta Lei.

Art. 5º. A empresa ou o consórcio de empresas cedente-endossante-sacadora mencionada no inciso I do art. 2º desta Lei se responsabilizam civil e criminalmente pela veracidade, legitimidade e legalidade do crédito cedido, respondendo pelos seus vícios redibitórios.

Parágrafo único. As empresas de fomento mercantil especial de exportações poderão exigir garantias adicionais da empresa ou consórcio de empresas cedente-endossante-sacadora ou oferecer-lhes bônus de *performance*, relacionadas com o cumprimento dos compromissos de embarque mencionados nas cambiais endossadas.

Art. 6º. Nos primeiros 12 (doze) meses de sua vigência, as empresas de fomento mercantil especial de exportações e as respectivas operações de aquisição de crédito de que trata esta Lei serão previamente submetidas aos seguintes órgãos, que terão, conjuntamente, o prazo de 15 (quinze) dias úteis para se pronunciar:

I – Ministério do Desenvolvimento, Indústria e Comércio;

II – Banco Central do Brasil, quanto ao enquadramento normativo;

III – Banco do Brasil, quanto aos limites, à garantia e à solvência da parte interveniente mencionada no inciso III do art. 2º desta Lei.

Art. 7º. No prazo de 30 (trinta) dias da data de publicação desta Lei, o Banco Central do Brasil publicará instrumento normativo próprio, autorizando os bancos credenciados a operar com câmbio a aceitar o endosso dos títulos de créditos de exportação em favor das empresas de fomento especial de exportações de que trata esta Lei, obedecidos os demais parâmetros acima expostos.

Art. 8º. Durante o prazo mencionado no art. 6º, o Ministério do Desenvolvimento, Indústria e Comércio, o Ministério da Fazenda, o Banco Central do Brasil, o Banco Nacional de Desenvolvimento Econômico e Social, o Banco do Brasil e o Sebrae estabelecerão conjuntamente as normas e parâmetros que balizarão as operações de que trata esta Lei, inclusive o seu trâmite processual, visando simplificá-las e torná-las rotineiras.

Art. 9º. O prazo estabelecido no art. 6º poderá ser reduzido, se a regulamentação das atividades de fomento em geral, no País, previr as operações de que trata esta Lei e desde que atenda aos requisitos ora estabelecidos.

Art. 10. Esta Lei entra em vigor na data de sua publicação.

Justificação

O governo brasileiro está empenhado em aumentar nossas exportações e engajar nesse processo as micro, pequenas e médias empresas (MP/ME), a exemplo de outros países, como a Itália, onde esses segmentos têm expressiva participação nos negócios externos.

Uma das dificuldades para alcançar esse objetivo é que as MP/ME, afora as dificuldades normais de entrar num novo mercado, mais sofisticado e mais competitivo, encontram ainda algumas barreiras para ter acesso ao crédito, mormente de exportação e importação.

A situação é mais grave no momento atual, quando as linhas de crédito internacionais vêm se restringindo para o setor privado nacional, em termos de disponibilidade de recursos e de custos, aí incluídas empresas de grande porte tradicionais no nosso comércio exterior.

Uma alternativa para essa situação seria a de facilitar as operações de *FACTORING* de exportação, criando assim novas linhas de crédito paras as MP/ME brasileiras exportadoras, através das empresas de *FACTORING* de outros países, que estão ou poderiam estar, no futuro, associadas às operações das empresas congêneres brasileiras.

Entretanto, para alcançar tais objetivos, é necessário mobilizar os setores potencialmente beneficiários e tomar algumas medidas que permitam às empresas brasileiras de *FACTORING* atuar na exportação.

O *FACTORING*, atividade milenar de que se têm referências históricas desde o Império Romano, é extensamente praticado nos EUA, em países europeus, como a Itália, os Países Baixos e a Alemanha, e outros, como o México e a Coréia. Consiste ele na prestação de certos serviços auxiliares a empresas industriais e comerciais, combinados com a compra do faturamento dessas empresas, através do endosso de seus recebíveis.

No Brasil, o *FACTORING* é legalmente conhecido pela Lei nº 8.981, de 20.1.1997, a Resolução BACEN nº 2.144, de 22.2.1995, e a Circular nº 2.715, de 28.8.1996, e as empresas que realizam essas atividades se congregam sob os auspícios da ANFAC – Associação Nacional de *FACTORING*, criada em 1982 – com sede em São Paulo e da FEBRAFAC – Federação Brasileira das Empresas de *FACTORING*.

O *FACTORING* tem crescido a taxas significativas em nosso país, atendendo principalmente às pequenas e médias empresas, notadamente das indústrias metalúrgicas e química e dos subsetores de comércio e de prestação de serviços. Em 1997, seu volume de operações atingiu quase R$ 15 bilhões (Anexo) e deve superar a marca dos R$ 20 bilhões em 1999.

Apesar das dificuldades que enfrentam as empresas de *FACTORING* para exercer legalmente suas atividades – mormente devido à confusão dessas atividades com a mera compra de cheques – o arcabouço jurídico atual já lhes permite atuar e prestar relevantes serviços às MP/ME.

Entretanto, ainda não foi possível viabilizar operações de *FACTORING* que amparem nossas exportações, ainda que existam já experiências pioneiras semelhantes a elas no Rio Grande do Sul e Santa Catarina, através de uma empresa coligada ao IFC – *International Factore Group* – com sede na Bélgica, e através de 55 empresas espalhadas por 38 países, integradas mediante um sistema de informação exclusivo, o IFDEX-EDI, reconhecido pelas Nações Unidas.

Outras empresas de *FACTORING* poderiam entrar nesse mercado e coligar-se a outras redes e sistemas como esse, ampliando assim o acesso das pequenas e médias empresas brasileiras a linhas de crédito e a outros serviços, como prospecção de clientes no exterior, administração de vendas, gerenciamento de créditos, cobranças etc.

Em outros países, os próprios bancos, como alguns que operam no Brasil, têm suas próprias e bem capitalizadas subsidiárias especializadas em operações de *FACTORING*, voltadas para o mercado interno ou para o seu mercado externo, prática que poderia se estender ao nosso país, se houver uma legislação que ampare esse tipo de operação, em favor das micro e pequenas empresas brasileiras que querem e podem exportar, mas carecem de recursos e necessitam de outros serviços que viabilizem seus negócios internacionais.

A principal dificuldade para as empresas de *FACTORING* brasileiras atuarem na exportação é que os bancos que operam com câmbio não aceitam o endosso das cambiais dos exportadores ou importadores, problema esse que poderia ser solucionado pelo Banco Central do Brasil, reconhecendo esse tipo especial de operação comercial e, por conseguinte, dando respaldo aos mencionados bancos para aceitar tal endosso.

A aprovação do PL em questão permitiria o acesso das nossas empresas de *FACTORING* às linhas de crédito do Sebrae e do BNDES destinadas a aportar recursos para apoiar as exportações das micro e pequenas empresas brasileiras.

Como forma de garantir a realização urgente e premente de operações genuínas de *FACTORING* e evitar abusos futuros, enquanto as atividades de *FACTORING* não são regulamentadas pelas diversas instâncias do Poder Executivo, e enquanto as instituições nacionais aprendem a utilizá-las propriamente em proveito das micro e pequenas empresas brasileiras exportadoras ou potencialmente exportadoras, há que se fazer com que as empresas e operações pioneiras de *FACTORING* de exportação passem pelo crivo cuidadoso do Ministério do Desenvolvimento, Indústria e Comércio e pelo Banco Central.

Em razão disso, o próprio texto do Projeto estabelece algumas Disposições Provisórias que antecedem e preparam o campo para a futura regulamentação dessas empresas e atividades, esforço que deve contar com a participação não só dos órgãos já mencionados, como também do Ministério da Fazenda, do Banco do Brasil, do BNDES e do Sebrae, que se beneficiarão das primeiras experiências práticas de *FACTORING* de exportação, que o presente Projeto viabiliza, para então criar futuramente um corpo normativo que permita realizar tais operações de forma mais simplificada e rotineira.

PROJETO DE LEI COMPLEMENTAR Nº 112, DE 2007
(Dep. Jovair Arantes – PTB /GO)

Altera o art. 17 da Lei nº 4.595, de 31 de dezembro de 1964, e dá outras providências, com fins de equiparar a sociedade de fomento mercantil à instituição financeira.

O Congresso Nacional decreta:

Art. 1. O art. 17 da Lei nº 4.595, de 31 de dezembro de 1964, passa a viger acrescido dos seguintes §§ 2º e 3º, renumerando-se o atual parágrafo único como § 1º, com a seguinte redação:

"*Art. 17. (...)*

§ 1º. Para os efeitos desta Lei e da legislação em vigor, equipara-se à instituição financeira a sociedade de fomento mercantil e a pessoa física que exerça quaisquer das atividades referidas neste artigo, de forma permanente ou eventual.

§ 2º. Para os fins desta Lei considera-se sociedade de fomento mercantil, a empresa que explore as atividades de prestação de serviços de assessoria creditícia, mercadológica, gestão de crédito, seleção de riscos, administração de contas a pagar e a receber, compras de direitos creditórios resultantes de vendas mercantis a prazo ou de prestação de serviços.

§ 3º. Aplicam-se à instituição relacionada no § 2º deste artigo, as penalidades constantes dos arts. 42 a 45 desta Lei." (NR)

Art. 2º. Esta Lei complementar entra em vigor após decorridos 60 (sessenta) dias de sua publicação oficial.

Justificação

Há muito que se discute a liberdade de atuação de um segmento fortíssimo da economia brasileira, que é representado pelas sociedades de fomento mercantil, comumente conhecidas como empresas de "*factoring*", as quais movimentam volume expressivo de recursos junto ao comércio e indústria nacionais, afetando diretamente a vida de milhões de consumidores sem que sofram qualquer tipo de fiscalização por parte das autoridades governamentais, particularmente do Banco Central do Brasil.

Partindo dessa preocupação, consideramos que há grande interesse público também em adequar o segmento das "*factorings*" aos termos da Lei nº 4.595, de 31 de dezembro de 1964, incluindo essa modalidade de empresas no rol de instituições financeiras.

A propósito, provando que há coerência e lógica no que defendemos, a Lei nº 9.613, de 3 de março de 1999, – que dispõe sobre os crimes de "lavagem" ou ocultação de bens, direitos e valores e estabelece regras para a prevenção da utilização do sistema financeiro para fins – já incorporou as empresas de "*factoring*" (bem como as administradoras de cartão de crédito) na relação de empresas sujeitas à identificação de seus clientes, manutenção de registros e comunicação de operações financeiras para o COAF (Conselho de Controle das Atividades Financeiras), conforme disposto em seu art. 9º, parágrafo único, alíneas "*c*" e "*e*".

Pretende-se, por intermédio deste projeto de lei complementar, corrigir uma importante lacuna que há na ausência de regulamentação das atividades desenvolvidas por estas empresas que operam na órbita do mercado financeiro, de modo a equipará-las às demais instituições financeiras já sujeitas ao controle e à fiscalização do Banco Central.

Temos convicção de que as empresas de fomento mercantil, a despeito das considerações doutrinárias em contrário, realizam essencialmente operações de cunho financeiro, envolvendo financiamentos e concessão de limites de crédito para pessoas físicas e jurídicas. Estas operações, que *a priori* seriam caracterizadas como operações comerciais, abandonaram essa característica exatamente pelo fato de as empresas mencionadas oferecerem, aos seus clientes, algo além da simples compra de crédito ou da gestão de recursos junto a outros estabelecimentos comerciais, que é o próprio financiamento, com a cobrança dos juros correspondentes.

A propósito é oportuno reproduzir o entendimento do eminente jurista Fran Martins a respeito das operações de *factoring*:

"*Em princípio, a faturização é feita por empresas não-bancárias, o que acontece principalmente nos Estados Unidos, em que não se pratica comumente o desconto bancário. Nada impede, entretanto, que um banco tenha um setor especial para a faturização, (...), não se compreendendo, entretanto, as operações realizadas nesse setor como operações normais de desconto ou de cobrança, dada a disparidade existente entre as mesmas. Nada impede, também, que um faturizador negocie com um banco os créditos que lhe são cedidos pelo faturizado, dando-os em garantia de empréstimos realizados ou mesmo os descontando.(...)*" (da obra: Contratos e Obrigações Comerciais, pág. 476, 14ª ed., Forense).

Ante todo o exposto, realmente julgamos inadiável a subordinação das empresas de *factoring* ao poder fiscalizador do Banco Central do Brasil, para o que contamos com o apoio e a compreensão de nossos ilustres Pares.

Sala das Sessões, em 18 de setembro de 2007.

Deputado Jovair Arantes

GRÁFICA PAYM
Tel. (011) 4392-3344
paym@terra.com.br